現代の英文法
新しい文法理論へのいざない

齋藤興雄／佐藤　寧／佐藤裕美

KINSEIDO

Kinseido Publishing Co., Ltd.
3-21 Kanda Jimbo-cho, Chiyoda-ku,
Tokyo 101-0051, Japan

Copyright © 2000 by Sakio Saito,
     Yasushi Sato
     and Hiromi Sato

All rights reserved. No part of this publication may be reproduced, stored in a retrieval system, or transmitted, in any form or by any means, electronic, mechanical, photocopying, recording or otherwise, without the prior permission of the publisher.

First published 2000 by Kinseido Publishing Co., Ltd.

#　はしがき

　日頃、私達は歩くとき、神経がどのように筋肉に情報を伝達し、どのように筋肉が活動するかについて意識することはなく、意識しなくても歩行に不便をきたすことはない。同じように、私達は「言語とは何か」と問うことはめったにないし、たとえこの問に答えられずとも話すことができる。つまり、歩くことや話すことは、私達にとってはしごく自然な行為のように思える。

　ところが、歩行を可能にする神経系統の作用や筋肉組織の働きなどについてひととおり学んだ者は、これらのとてつもなく複雑な活動を無意識のうちに行っている人間の能力に驚嘆することだろう。言語の体系もこれと似ているところがある。身近な日本語からみてみよう。私達は主語を示す助詞の「が」の使い方を知っている。たとえば、「リンゴが落ちた」の「が」は「リンゴ」が主語であることを示している。ところが、この同じ「が」が「私は彼が好きです」の文では、動詞「好き」の目的語「彼」に付加されていてもなんの不思議も感じないであろう。しかし、これを理論的に説明するとなると、かなり複雑な記述になる。

　英語に関しても同様である。John believes him to be honest. の文で、John と him が同一人物ではありえないことは英語を母語とする人々なら当然知っていることであるが、改まって「なぜそうなのか」と問われると、たとえ母語の文法であっても、ほとんどの人が返答に窮するに違いない。しかし、実際にはそのような複雑な体系からなる言語をいつの間にか習得し、無意識にそれを用いている。つまり、母語の文法を「知っている」のである。

　では、母語の文法を「知っている」とは、一体、何を知っていることを具体的に意味するのであろうか。

　その答えを探るべく、本書では基礎編と応用編に分け、チョムスキ

ーに代表される生成文法をわかりやすく説くことを心がけた。言いかえれば、人間の生得的で普遍的な言語能力について考察し、「どうして子供は言語接触が少なくかつ短いにもかかわらずかくも複雑な文法の知識を身につけることができるのか」という疑問に答えることをねらいとしている。

　また本書では、伝統文法との比較において生成文法を解説することも特徴の一つとしている。生成文法を大学生に教えていると、伝統文法とはどのように異なり、どのような点で優れているのか問題にせざるを得ないことが多い。なぜなら、中学・高等学校で教える学校文法は、伝統文法の考えをかなり踏襲していて、大学に入ったばかりの学生のほとんどがそのような文法に慣れ親しんでいるからである。本書が、伝統文法から生成文法への橋渡しとなり、かつ、複雑な言語の世界への良き導入となれば、幸いである。

　各章には平易な英文でイントロダクションを付け、その章で学ぶ内容を概観できるようにした。また章末には練習問題を設け、実際に学習した文法知識を用いて問題を分析し、解答できるようにした。大いに利用していただきたい。

　著者の執筆分担は以下のとおりである。第1章、第2章、第3章を佐藤　寧が、第4章、第5章、第7章（1、4、5、6節）、第8章を佐藤裕美が、そして第6章、第7章（2、3、7節）、第9章、第10章を齋藤興雄が担当した。なお、全体の内容と文体の統一は佐藤　寧が担当した。

　最後に、英文のイントロダクションの校正を快く引き受けていただいた明治学院大学のKevin Varden先生と、本書の出版に際し、内容の難易に関して適切な助言をいただいた金星堂編集部の山口あつ子氏に心より感謝の意を表したい。

1999年9月　著者

目　次

～～～ *Part 1* 基礎編 ～～～

第1章　文法とは ——————————————————————— 2

  1. 文法の知識　/　*3*
  2. 言語能力と言語運用　/　*6*
  3. プラトンの問題　/　*8*
  4. 普遍文法（原理とパラメータ）　/　*9*
  5. 辞書と文法操作　/　*11*
  練習問題　/　*14*

第2章　句の構造 ——————————————————————— 16

  1. 句と主要部　/　*17*
  2. 動詞句　/　*19*
  3. 名詞句　/　*21*
  4. 形容詞句　/　*24*
  5. 副詞句　/　*25*
  6. 前置詞句　/　*26*
  7. X-bar 理論（X-bar Theory）　/　*26*
  8. 構成素統御　/　*29*
  練習問題　/　*30*

第3章　語彙 ————————————————————————— 32

  1. 範疇　/　*33*
  2. 下位範疇化素性　/　*35*
  3. 主題関係（θ-役割）　/　*40*
  4. θ-基準　/　*42*
  練習問題　/　*44*

第 4 章　文の構造 ——————————————————— 45
　　1. 法助動詞とテンス ／ 46
　　2. 屈折 (Inflection) ／ 50
　　3. 補文構造 ／ 54
　　練習問題 ／ 59

━━━━━〜〜〜〜〜━━━━━ *Part 2*　応用編 ━━━━━〜〜〜〜〜━━━━━

第 5 章　非時制文 ————————————————————— 62
　　1. 時制節と非時制節 ／ 63
　　　1.1　非時制節の特徴 ／ 63
　　　1.2　非時制節の構造 ／ 65
　　2. 主語の表れない to-不定詞 ／ 69
　　　2.1　音形のない主語 ／ 69
　　　2.2　先行詞のない PRO ／ 72
　　　2.3　PRO の分布 ／ 72
　　3. 主語の表れる to-不定詞 ／ 74
　　4. 小節 (Small Clause) ／ 78
　　練習問題 ／ 80

第 6 章　DP 移動 ————————————————————— 82
　　1. 受動文 ／ 83
　　2. 受動変形について ／ 85
　　3. DP 移動の根拠 ／ 86
　　4. 文の派生と素性の照合 ／ 87
　　5. 名詞句または DP の格照合 ／ 90
　　6. 痕跡理論 ／ 93
　　7. 主語繰り上げ ／ 95
　　練習問題 ／ 99

第 7 章　主要部の移動 ——————————————————— 101
　　1. 主語と動詞の倒置：I-to-C 移動 ／ 102
　　2. 主要部移動の痕跡について ／ 106

3．助動詞と否定語 not の位置　/　*107*
　　4．指定部-主要部の一致　/　*108*
　　5．素性の移動　/　*109*
　　6．助動詞 Have と Be 動詞　/　*111*
　　7．主要部移動制約　/　*113*
　　練習問題　/　*115*

第 8 章　*Wh*-疑問文 ──────────────── 117
　　1．*Wh*-疑問詞の移動　/　*118*
　　2．*Wh* 素性　/　*121*
　　　2.1　*wh*-句の移動先　/　*121*
　　　2.2　*Wh*-基準（The *Wh*-Criterion）　/　*123*
　　練習問題　/　*130*

第 9 章　存在文 ──────────────────── 132
　　1．存在の there　/　*133*
　　2．形式上の主語　/　*135*
　　3．VP 内主語仮説　/　*136*
　　4．拡大投射原則　/　*139*
　　5．経済性の原理　/　*141*
　　練習問題　/　*143*

第 10 章　束縛理論 ──────────────── 144
　　1．三種類の DP　/　*145*
　　2．照応形と先行詞　/　*146*
　　3．束縛理論　/　*148*
　　4．空範疇と束縛理論　/　*151*
　　5．例外となる文　/　*152*
　　練習問題　/　*155*

参考文献　/　*156*
索引　/　*158*
英和対照表　/　*165*

Part 1　基礎編

第1章　文法とは

▶ Introduction

What do you know when you know a language? Most of us might be puzzled by such a question. One major reason for this would be that our knowledge of language is largely unconscious.

If you are a native speaker of English, however, you would agree that it is correct to say *I wondered what time it was*. But you would declare that it is incorrect to say *I wondered the time*. Why? Because you can tell a grammatical sentence from an ungrammatical one. Knowledge of this kind constitutes the grammar of English.

When we have acquired a language, we know more than its words and sentences. We know the sounds as well as the meanings of the words and sentences used in that language. For example, if you are a native speaker of Japanese, you would claim that the English word *tree* is unpronounceable in Japanese, because no Japanese word begins with the consonant cluster [tr].

Our knowledge of language and our actual use of it in concrete situations differ. When we speak a language, we sometimes make speech errors such as 'slips of the tongue', or 'false starts'. For example, saying *okainomo* instead of *okaimono* 'shopping' is a slip of the tongue. Such speech errors have little to do with our **linguistic knowledge** or **competence**; rather they reflect our **linguistic performance**.

We can produce an infinitely large number of sentences of

our language, using 'finite means'. This **creativity** is a universal property of language. But consider how a child acquires his/her language. Given that the kind of input a child is exposed to is limited, it is an amazing feat that he/she can acquire the fundamental aspects of his/her language by the age of four or five.

From these and other facts that we know today, we will assume that our knowledge of a language is not simply a list of words and grammatical sentences. Further, we will assume that we were born with an **innate** capacity of language, which enables us to acquire our native language so easily.

Although we are mainly concerned with a current theory of grammar, i.e. **generative grammar**, we will sometimes refer to a traditional (or prescriptive) grammar by way of comparison.

---

1. 文法の知識

ある言語の文法 (grammar) を知っているとはどのようなことを具体的に意味するのであろうか。文法の専門家は別として、この問に即答できる者は少ないかもしれない。また、「文法」をどのように定義するかによっても答は一つとは限らない。英語の例で考えてみよう。英語を母語とする話者は次の1組の文を聞いてどちらが正しい文か判断できるであろうか。

（1） a. John shaved himself.
　　　b.*John shaved herself.

(1a) の文は再帰代名詞 (reflexive) の himself が主語の John と性・数・人称において一致しているので正しい文であるが、(1b) は再帰代名詞

のherself（女性）が主語のJohn（男性）と性の点で不一致を起こしているから正しくない文で非文（非文の前に＊印をつける）と呼ばれる。英語を母語とする話者は直観的に前者を正しい英語の文と判断し、後者を英語としては正しくない文と判断するのである。かりに文法を話者が母語に関して持っている規則の体系と定義するなら、上記（1a）は英語の規則にしたがった適格な（well-formed）文であり、一方の（1b）は英語の規則に違反する文で、不適格な（ill-formed）文と言えよう。このように文法は恣意的な関係にある音声（sound）と意味（meaning）との橋渡しをするものである。

「文法」の詳しい定義は後述するものとして、もう少し英語の母語話者が持っていると思われる文法の知識について考察してみよう。たとえば、Visiting relatives can be a nuisance. の文はあいまい（ambiguous）で、次の2つの文に言い替えられる。

（2） a. Relatives who are visiting can be a nuisance.
　　　b. To visit relatives can be a nuisance.

つまり、Visiting relativesは（2a）のRelatives who are visiting（訪問中の親戚）と（2b）のTo visit relatives（親戚を訪問すること）にそれぞれ構造上の対応がみられる。このようにある1文が2つ以上の句または文構造に対応する場合を「あいまい」であると言うが、英語の母語話者ならたとえ理由はうまく説明できないにしても、気付くことであろう。

次の（3）の例を検討してみよう。各文の下線で示した語が主語のJohnと同一人物を指すかどうか考えてみよう。

（3） a. John believes him to be honest.
　　　b. John believes himself to be honest.
　　　c. John believes that he is honest.

英語の母語話者であれば、（3a）のhimはJohnと同一人物ではありえ

ないことを知っているし、逆に、(3b) の himself は John と同じ人物でなければならないことを知っている。さらに、(3c) の he は John と同一人物の場合もありえるし、違う場合もありえる。これらの違いをきちんと説明するためには、(第 10 章で説明する) かなり複雑な文法理論が必要になる。ところがそのような複雑な文法理論の助けを借りなくても英語の母語話者なら知っている言語事実であるから、文法の知識はおおかた無意識的 (unconscious) なものと言えよう。

　二十世紀の始めまでは、文法と言えば伝統文法 (traditional grammar) がその主要な地位を占めていた。伝統文法では文法は文の規範を示すものと考えられ、規範文法 (prescriptive grammar) とも呼ばれた。私達が伝統学校文法または単に学校文法 (school grammar) と呼んでいるものもこの伝統文法の考えをかなり踏襲していると言えよう。例を見てみよう。

(4) a. He is taller than I.
　　 b. He is taller than me.

伝統文法は、母語話者が使用している言語の記述ではなく、母語話者がどのような言語を使用すべきかを記述したもので、(4) の例で言えば a の文のみが正しい文であると主張した。このような規範文法は Robert Lowth の *A Short Introduction to English Grammar with Critical Notes* (1762) に始まると言われている。もう 1 例あげると、I didn't tell nobody. の文は正しくは I didn't tell anybody. と言うべきである。なぜなら 2 つの否定語 (not と nobody) は互いに打ち消し合って肯定になるから、といったような (否定語が幾つあっても否定になる) 言語事実に反する規則もある。これらの規則はラテン語文法をモデルにしたものであった。これに対して、話者が自分の母語に関して知っている言語事実を記述しようとする文法を記述文法 (descriptive grammar) と呼ぶ。本書では、1950 年代半ばに出現した生成文法 (generative grammar)、すなわち上記の記述文法をさらに発展させた文法理論を

取りあげ、それがどのような文法であるかを解説することにする。

2. 言語能力と言語運用

　話者が自分の母語について持っている文法知識のほとんどは無意識的なものであるから、かならずしもその知識をうまく説明できるとは限らないことを前節で指摘した。さらにつけ足すと、文法は広義には次のような部門で構成されている。

　　　（5）　文法を構成する部門
　　　　　a. 音韻部門（言語音を扱う部門 = phonology）
　　　　　b. 形態部門（語の構造と形成を扱う部門 = morphology）
　　　　　c. 統語部門（文の構造と派生を扱う部門 = syntax）
　　　　　d. 意味部門（語と文の意味を扱う部門 = semantics）

上記4つの部門はそれぞれ独立した部門を構成してはいるが、たがいに有機的に結びついているものと考えられ、このような構成のしかたをモジュール性（modularity）と呼ぶ。これら4つの部門からなる文法の知識は話者が自分の母語に関してもっている言語の知識または言語能力（linguistic competence）の重要な部分である。

　少し具体例を見てみよう。英語を母語とする話者は最も強い強勢がどこにくるか知っているので、複合名詞の greenhouse（温室）では左側の green を最も強く発音するし、名詞句の green house（緑色の家）では右側の house を最も強く発音する。これは (5a) の音韻部門（または音韻論）が扱う英語の音声に関する知識であり、英語を母語とする話者が持っている言語能力の一部である。(5b) の形態部門（または形態論）は語の構造とその形成を扱い、たとえば、接尾辞の -ity はラテン語を起源とする形容詞（例、serene）に添加されて名詞形（serenity）を派生するといった言語現象を説明する。さらに、英語の話者は I wondered what time it was. の文は適格であるが、*I wondered the time. の文は不適格であることも同時に知っている。これは (5c) の統語部門 (または統語論) に属する知識であり、これも母語話者の持っている言語能力の一部である。最後に、father という語が [+ human, + male, + parent] などの意味特性を持っていることは (5d) の意味部門 (または意味論) が明かにする問題である。これらの言語能力は、言語を現実の世界で実際に使用すること、すなわち言語運用 (linguistic performance) とは区別される。

　言語運用はある特定の時間、場所、体調、あるいは精神状態などの影響をうける言語の使用であるから、必ずしも話者の言語能力を正しく反映しているとは限らない。たとえば、100メートルを全力で走った直後には呼吸が乱れてスムーズに言葉が出てこないことがある。しかしそれがその話者の言語能力を表わしているとは必ずしも言えない。同じように、私達はときどき言い間違え、言いよどみ、あるいは言い直しなどをするが、それも私達の言語能力の問題とはみなさず、言語運用の問題と考える。

　本書は母語話者の言語能力を取り上げ、とくに (5c) の統語論、すなわち文の構造および派生の問題を主として扱うので、これまで一般的に使われてきた狭い意味での「文法」を記述対象とする。私達は母語の文法を習得すると、その文法を用いて無限の数の文をつくることができ、またいつでもどこでも新しい文をつくることも、そのような文を理解することもできる。つまり文法という有限な手段 (finite means) を用いて無限の数の文をつくることができるのである。これは言語に普遍的に備わった特徴の一つである創造性 (creativity) によると考えられている。

3. プラトンの問題

　Chomsky (1986) は英国の哲学者でもあり数学者でもあった B. Russell の投げかけた疑問、すなわち、「なぜ人間はこの世との接触が短く、個人的なものであり、しかも限定されているにもかかわらず多くの知識を持っているのか」に言語学の立場から答えることを「プラトンの問題」(Plato's problem) と命名した。つまり、子供が言語習得の過程で耳にする母語の量が習得する量と比べて絶対的に少ないことを「刺激の欠乏」(poverty of the stimulus) と呼ぶが、この刺激の欠乏にもかかわらず子供は複雑な母語の文法を短期間で習得するのはなぜか、という問題である。

　子供は、生後12ケ月ごろになると初語──始めての話し言葉 (speech)──を発し、1語 (1語文とも言う) で会話する能力を身につける。そして生後20ケ月にもなると2語あるいは3語からなる発話が可能になり、しかもこの時期になると英語の場合には語尾変化などの文法の習得を示す証拠が見られる。平均すると、子供は4~5歳ぐらいまでには母語の基盤ができあがり (発音の習得はもっと早い)、13歳ごろには習得が完了すると言われている。したがって、その後に習得するのは語彙などに限られることになる。このような子供の言語習得の過程から次のような疑問が生じる。

(A) 子供の言語習得に際立った均一性と規則性が見られるのはなぜか？
(B) 子供が大人の模倣とは考えられない間違いをするのはなぜか？
(C) 子供の言語習得はどうしてこれほどまでに早いのか？

これらの疑問の全てに答えるために、今日の言語学は人間の言語能力を生得的 (innate) であると仮定している。なぜなら、子供は生まれてから経験によって言語を習得するものと仮定する古い経験論の立場では、まず (B) の事実が説明できないし、生まれ育った言語環境の違い

や刺激の欠乏の問題を考えると (A) と (C) の疑問にもうまく答えられないからである。また、親は子供の文法の間違いを指摘したり、直接的に訂正することが少ないのも子供の言語習得過程の特徴である。

　それでは、人間が生得的な言語能力を持つとは具体的にどのようなことを意味するのであろうか。Chomsky (1995) はこの疑問に次のように答えている。人間の言語能力は遺伝的に決定された初期状態 (initial state) に始まり、やがて言語の習得を終えると安定状態 (steady state) になる。その安定状態に関する理論がその言語の文法であり、初期状態に関する理論が普遍文法 (Universal Grammar) である。そして普遍文法は原理 (principles) とパラメータ (parameters) とから成っている。

4. 普遍文法（原理とパラメータ）

　生得的な言語能力は初期状態に始まり、その初期状態に関する理論が前節で述べたように普遍文法と呼ばれる。言語の違い（例、英語と日本語の違い）は普遍文法の原理の違いではなく、パラメータの値の違いによるものと考えられている。次の例を見てみよう。

　　（6）　a. Mary hit John.
　　　　　b. メリーは　ジョンを　ぶった。
　　　　　　（Mary　　John　　hit.）

英語は (6a) のように動詞の後に目的語がくるので、伝統文法では SVO (S=主語、V=動詞、O=目的語) の言語であり、これに対して日本語は目的語の後に動詞がくるので SOV の言語であると言われてきた。そこで、動詞＋目的語を動詞句とみなし、動詞句の核心となる主要部 (head) を動詞と仮定すると、英語は主要部（つまり動詞）が動詞句の始めにくる (head-initial) 言語になり、日本語はその逆に主要部が動詞句の終わりにくる (head-final) 言語になる。この場合に、動詞句

という文法範疇 (grammatical category) があり、そしてその主要部は動詞であることを普遍的な「原理」と考えるならば、主要部が動詞句の始めにくるか後にくるかは「パラメータ」の値の違いによると言えよう。普遍文法はこのような原理とパラメータの集合で構成されていると仮定するのが今日の生成文法の立場である。

　もう一例を見てみよう。次の英語の例は平叙文とそれに対応する疑問文である。

（7）　a. John **will** come to the party.
　　　b. **Will** John come to the party?

(7b) の疑問文は yes-no 疑問文 (yes-no question) と呼ばれるもので、その答えは Yes あるいは No になるのがその特徴である。(7a) と (7b) とでは助動詞の will と主語の John が逆になっていることがわかる。ここでは詳しい説明を省くが、(7b) は助動詞 will を主語の John の左に移動させる文法操作 (grammatical operation) によってつくる疑問文であると仮定する。するとこの文法操作は助動詞 will に作用するものであり、ただ単に文中の2番目の単語に作用するものではない。このことは次の (8b) の非文および (8c) の適格な文からも推測できよう。

（8）　a. John and Mary will come to the party.
　　　b.*And John Mary will come to the party?
　　　c. Will John and Mary come to the party?

（7）と（8）の例文から得られる結論の一つは、移動 (movement) などの文法操作が文法範疇すなわち文の構造に依存していることである。これも普遍文法に属する一つの原理と言えよう。

　このように生成文法の観点からすると、文法理論はただ単にある言語を観察し記述するだけであってはならないのである。ある言語の文法がその母語話者が知っていると考えられる言語事実をもれなく記述しているときに、その文法は記述的妥当性 (descriptive adequacy) を

持つものである。しかし、生成文法の研究が最終的な目標にするのは記述的妥当性ではなく、英語あるいは日本語といった個々の言語の文法体系でもない。それは世界中の全ての言語を特徴づける普遍文法（すなわち原理とパラメータ）の記述であり、その説明的妥当性（explanatory adequacy）である。説明的妥当性とはプラトンの問題に答えられる理論のみが持つ条件である。

　言語に関する理論は英語、中国語、あるいは日本語のような自然言語（natural language）を研究対象とし、コンピュータ業界などで用いられる人工言語（artificial language）は問題にしない。さらに、その理論は人間の言語が動物のコミュニケーションの手段とどのように異なるかも明示しなければならないので、その特徴が人間の言語についてのみ記述できるように充分に限定されたものでなければならない。たとえば、文は単語や句などの構成素（constituent）――詳しくは第2章を参照――から成り、それらは各々何らかの文法範疇に属していることを伝統文法も記述しているが、これは人間の言語に固有な特徴であると考えられる。したがって、本書も「名詞」あるいは「動詞」などの文法範疇を表わす用語を使いながら議論を進める。

5. 辞書と文法操作

　発音、文法範疇、あるいは意味などの語彙情報が辞書（lexicon）に包含されるものとすると、言語を自由に使いこなすためには、まず辞書の情報を知らなければならないことになる。さらに、文になるように単語を適切に結びつけるためには（移動などの）文法操作も知る必要がある。英語の例で検討してみよう。

（9）　a. John asked what time it was.
　　　b. John wondered what time it was.
　　　c. John asked the time.
　　　d.* John wondered the time.

(9a)と(9b)ではasked（尋ねる）とwondered（思いめぐらす）がともに同じ疑問詞で始まる文（または節）を従えているので、一見するとこれら2つの語は文をつくるために必要な情報を共有しているように思えるが、(9c)と(9d)の例から必ずしもそうではないことが判明する。たしかに、両者は似たような意味をともに持っているように考えられるが、wonderの直後に名詞句のthe timeをもってこれない事実から、両者には何らかの違いがある。(10)の例文でさらに考察してみよう。

(10) a. Mary asked me about her.
b. *Mary wondered me about her.

前置詞aboutは、(10)のabout herが示すように、その直後に目的格（objective case）を持った（代）名詞——詳しくは後述——がくることを認め、動詞askもasked meのようにその直後に目的格を持った（代）名詞がくることを認める。さらに、（代）名詞は文中では主格あるいは目的格といった何らかの格（Case）を持っていなければならないものと考えると、(10b)から動詞wonderはその直後に目的格を持った（代）名詞を許さないことになる。このように意味の面からだけでは正しい文は生成できず、統語的な語彙情報もあわせて必要になるが、その一つの可能性は格（素性）の有無である。

次に、移動と考えられる文法操作の例を見てみよう。

(11) a. I wondered what time it was.
b. *I wondered what it was time.

明かに、(11)はwhat timeが一緒でなければならないことを示している。かりにwhat timeがもともとはit wasの直後にあったもので、それがitの直前に移動したと考えるなら、その移動（の文法操作）はwhat time全体に作用するものと言えよう。実際、次の対話から、what timeに対応する情報がten-twentyになることからwhat timeは一つのまとまり、すなわち構成素であることが分かる。つまり、文に

おいて移動可能なものは構成素を成し、文法操作は構成素に対して作用するのである。

(12) A: [What time] is it?
B: It's [ten-twenty].

文法操作は移動だけではなく他にもあるがここではこの一例を示すにとどめる。

　本書は、特に後半において、最も新しい生成文法の枠組みと考えられているミニマリスト・プログラム (The Minimalist Program) に基づく議論を展開する。ミニマリスト・プログラムでは言語は辞書と、単語すなわち語彙項目から言語表現 (linguistic expression) を派生させるコンピューテーションの装置 (computational system, CS) で構成されていると考える。また、語句が結合 (merge) してある言語表現が生成されると、それは音声形式 (Phonetic Form, PF) と論理形式 (Logical Form, LF) の2つに向かって派生が分かれ、前者は発声や知覚に関する行為の体系に、後者は概念や意図に関する体系に接する。その分岐点はスペルアウト (Spell-Out) と呼ばれる。この派生の流れを Marantz (1995) にしたがって図示すると次のようになる。

(13)
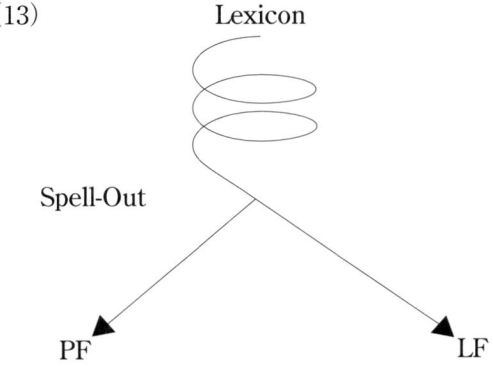

前頁の図から分かるように、辞書からスペルアウトに至るコンピュテーションは音声解釈の入力となりうる構造を派生し、その対象になるものは音声形式（PF）に向かう。一方、スペルアウトから論理形式（LF）に至るコンピュテーションは音声解釈の対象にはならない。

　CS は語彙項目から、音と意味の表示の対である言語表現（すなわち句や文）を派生するが、この言語表現がすべての形態上の要求を満たし、PF、LF のそれぞれのレベルで解釈できる素性のみを含む場合によしとされる。これを収束する（converge）と言い、最も簡潔に派生されたもののみが最終的に選ばれる言語表現になる。これはミニマリスト・プログラムの主要な原理の一つである経済性の原理（Economy Principle）に合致した派生である。しかし、もしも解釈できない素性を含んでいると、その派生は文法的な文には至らない。これを派生の破綻（crash）と言う。したがって、後述するように素性の照合（checking）と削除（deletion）は CS の重要な機能になる。

練習問題

1. 伝統文法では文を with, on, at, for などの前置詞で終えてはならないという規則があった。この規則に違反する適格な文を1つ書きなさい。

2. 英語または日本語の言い間違い (slips of the tongue) の例を1つ書きなさい。

3. 前置詞＋名詞句を前置詞句と仮定し、さらに前置詞句の主要部 (head) を前置詞と仮定すると、英語の前置詞句は主要部が始めにくる (head-initial) かそれとも終わりにくる (head-final) か例をあげて説明しなさい。

4. 子供が大人の模倣とは考えられない間違いをすることがある。その (英語または日本語の) 例を1つ書きなさい。

5. 次の文はあいまい (ambiguous) であるが、その理由を説明しなさい。
    a. The chicken is ready to eat.
    b. Time flies.

第2章　句の構造

▶ Introduction

　　According to a traditional grammar, words are divided into eight parts of speech: Noun, Pronoun, Verb, Adjective, Adverb, Preposition, Conjunction, and Interjection. Words are the basic building blocks of a sentence, and they are combined into larger phrases. Thus a sentence is made up of groups of grammatical units such as words and phrases, and a string of words that can be replaced by or substituted for a single word is a **constituent**. For example, in the sentence '*All my students are intelligent*', '*all my students*' can be replaced by a single word '*they*' without destroying the grammaticality of the sentence. Thus this string of words is a constituent, which is traditinally called the 'subject'. By the same token, '*are intelligent*' is a constituent, because it can be replaced by the one word '*laughed*'. This constituent is called the 'predicate' in a traditional grammar.

　　Words can be classified into either **content words** or **function words.** Content words are nouns, verbs, adjectives, adverbs, and prepositions. They have descriptive content, and thus are essential in conveying the meaning of a sentence. On the other hand, function words such as articles, complementizers pronouns, and conjunctions, serve primarily to carry information about the grammatical functions within a sentence.

　　Content words belong to the **lexical category**, while function words belong to the **functional category**.

　　A word combines (or **merges**) with another word to form a

phrase. In a generative grammar which we advocate in this book, each phrase has a **head**. The properties of the head are the properties of the phrase as a whole. Therefore, the phrase is the **maximal projection** of the head. In this chapter we will examine verb phrases, noun phrases, adjective phrases, adverb phrases, and prepositional phrases.

　　We will also consider structural principles, according to which words are combined, and their structural relations within a sentence.

---

1. 句と主要部

　伝統文法の記述に従うと、文は主部 (subject) と述部 (predicate) とで構成される。さらに、主部は文の主題をなす部分であり、述部はそれについて何かを述べる部分である。この記述は文という構造を大まかに理解する上では便利かもしれないが、具体的に何が主部になりえて、何が述部になるのか明確ではないという欠点がある。本章では、文を構成する要素、すなわち文の構成素 (constituent)、について詳しく検討する。

　文を構成する最小の構成素は語 (word) である。伝統文法の記述を見ると、英語の語は次の八品詞 (eight parts of speech) に分類されている。

(1)　a. Noun （名詞）　　　　e. Adverb （副詞）
　　　b. Pronoun （代名詞）　　f. Preposition （前置詞）
　　　c. Verb （動詞）　　　　 g. Conjunction （接続詞）
　　　d. Adjective （形容詞）　h. Interjection （間投詞）

伝統文法では助動詞（auxiliary verb）は全て動詞に分類され、冠詞（article）は形容詞の仲間として分類されている。また、たとえば I believe that the earth is round. の文で補文を導く that は、動詞の目的語が文になり、したがって文の中にもう一つの文がある時に用いられるので、本書では補文標識（complementizer）と呼ぶが、伝統文法では接続詞の扱いである。このように、本書で用いる用語は少し伝統文法のものと異なることに注意する必要がある。さらに、（1）の伝統文法における品詞の分類は、基本的にはある語が文中で果たす機能（function）に基づいているけれども、時として意味（meaning）に基づいている場合もある。たとえば、名詞は人、場所、あるいは物の名を指す語であり、動詞は動作、存在、状態を表わす語である、といった意味上の定義がある。これに対して、形容詞は名詞（または名詞相当語句）を修飾する語であり、副詞は動詞、形容詞、または他の副詞を修飾する語である、との定義は機能に基づいている。最後に、伝統文法の定義によると前置詞は、名詞（相当語句）を導き、その語と文中の他の語との意味上の関係を表わす語となる。

　生成文法においても単語あるいは語彙項目は全て名詞あるいは動詞のような何らかの文法範疇（grammatical category）に属し、さらにそれらは内容語（content words）か機能語（function words）のいずれかに大別される。そして内容語は語彙範疇（lexical category）に、機能語は機能範疇（functional category）に区分される。つまり語彙範疇に属す語は文の意味を伝えるうえで欠かせない名詞、動詞、形容詞、副詞、および前置詞の内容語であり、機能範疇に入る語は主として文法的機能を担うそれ以外の冠詞、代名詞、接続詞、あるいは補文標識などを指す。後者に属する語は数が少なく、歴史的にもその数は一定している。本章では主として語彙範疇に属す語および句（phrase）について検討し、機能範疇についての詳しい考察は第4章以降に譲る。

　語彙範疇に属す語は語彙としての内容を持つので、その内容を修飾することができるし、多くの場合、その反義語（antonym）なども存在

する。たとえば、名詞の friend は old friend、good friend のように形容詞によって修飾できるし、動詞の walk は walk slowly、walk fast のように副詞によって修飾できる。また、名詞 friend の反義語は enemy である。さらに、これらの語彙範疇に属す語は、すでに第1章で言及したようにそれ自体が句の主要部 (head) となることができ、たとえば、動詞句の場合には動詞がその主要部であると述べた。それぞれの句の持つ特徴が全体として主要部の統語的特徴を受け継ぐことから、句は語の投射 (projection) または最大投射 (maximal projection) であると考えられている。したがって、動詞句は動詞の投射であり、名詞句は名詞の投射である、というようになる。以下ではこれらの句範疇 (phrasal category) について詳しく検討しよう。

2. 動詞句

　異なった範疇に属す語句は文においても異なった分布 (distribution) をするものと考えられる。始めに動詞句から検討しよう。前節で述べたように、伝統文法では文を主部と述部とに分けた。そこでまず、述部を構成する要素について見てみる。

　　　（2）　a. All my students [are bright].
　　　　　　b. John [killed the cockroach].
　　　　　　c. Mary [jumped].

[　] で囲んだ部分が述部である。(2a) の述部は be 動詞の are で始まり、(2b) の述部は他動詞 kill の過去形で始まり、(2c) の述部は自動詞 jump の過去形だけで構成されている。これらの例から述部は全て動詞で始まる、と結論できよう。さらに、次の例が示すように動詞は助動詞 can の後に置くことが可能であるが、他の範疇の語句を置くことはできない。

（3） a. All my students can [be bright].
　　　b. John can [kill the cockroach].
　　　c. Mary can [jump].
　　　d.*All my students can [bright].（形容詞）
　　　e.*John can [the cockroach].（名詞）
　　　f.*Mary can [in].（前置詞）

　上記（2）の例で[　]で囲んだ語句は動詞が不可欠な要素なので全て動詞句（verb phrase, VP）である。動詞句は前述したように動詞（V）の投射であるから、たとえば、動詞句の are bright は動詞 are の投射になる。そして、この場合に are がこの句の主要部を構成し、形容詞（adjective）の bright が補部（complement）— 主要部を補う部分 —になる。これを標示付かっこ（labeled brackets）で表わすと（4）になる。

　　（4）[$_{VP}$ [$_V$ are] [$_A$ bright]]

同じように、動詞句の killed the cockroach は動詞 killed の投射で、killed が主要部に、the cockroach が補部（伝統文法では目的語）になる。(2c) は動詞 jumped の1語で構成されているから、一見、動詞句とは言えないようにもみえる。しかし、jumped にしても jumped off the window のような句を構成できることから、それぞれの語は全てそれ自身の最大投射（maximal projection）、すなわち句範疇を持つものと考えることにする。すると、動詞句が補部を持つかどうかは個々の動詞の持つ特性または素性によって決まり、主要部は義務的（obligatory）な要素であるが、補部は動詞句としては随意的（optional）な要素ということになる。したがって、jumped の最大投射は動詞句（VP）で、標示付かっこで示すと [$_{VP}$[$_V$ jumped]] となる。文法家は伝統的に名詞句を補部とする動詞を他動詞（transitive verb）、そうでない動詞を自動詞（intransitive verb）として下位分類してきた。

動詞句が動詞の統語的特徴、すなわち文中における分布のしかたなど、を受け継ぐことは、代入または置き換え (substitution) によって確かめることができる。たとえば、(2a) の are bright の位置に動詞 jumped の 1 語を代入しても文法的な文になる。このように、文の構成素は文法性を損なうことなく 1 語によって置き換えられるか否かを一つの検証方法とするから、たとえば (2a) の students are bright までを動詞 jumped の 1 語で置き換えてみると *All my jumped. の非文が派生されるので、(2a) の文で students are bright は構成素ではないことがわかる。

動詞句が 1 語の動詞で置き換えられる事実から、いわゆる伝統文法で述部 (predicate) と呼んでいるものは全体として動詞句と言える。次にその例をいくつか見てみよう。

(5) a. John [VP gave the book to Mary].
b. Bob [VP went to the store].
c. Bill [VP is short for a baseball player].
d. We [VP know that the earth is round].
e. He [VP admitted to me that you are right].

動詞のさらなる特徴として、全ての動詞が該当するわけではないが、その語尾変化をあげることができる。動詞の語尾に過去時制 (past tense) を表わす -(e)d を付けることができるし (e.g. walked)、進行相 (progressive aspect) を表わす -ing を付けることもできる (e.g. walking)。

3. 名詞句

伝統文法では文の主部 (または主語) あるいは動詞の補部 (または目的語) は次の例が示すように、名詞句 (noun phrase, NP) がその典型的な語である。

(6) a. [Sugar] is bad for your teeth.
　　b. [The man] was easy to please.
　　c. I like [meat].
　　d. John hit [the ball].

(6a) の sugar は名詞である。このような物質名詞 (material noun) は抽象名詞 (abstract noun) と同様にそれ自体で文の主語になるし、あるいは (6c) の meat ように目的語にもなる。また、(6b) や (6d) ではそれぞれ [　] で示した部分が名詞句であるが、1 語の名詞によって置き換えることもできる。さらに、等位接続詞 and で結び付けることのできるのは同じ範疇の語句になるので、[an old man] and [a woman] では [　] で示した語句はともに名詞句である。なお、名詞句のより正確な定義については第 3 章で行い、本章では Abney (1987) 以前の生成文法において一般的に用いられた定義に基づいて議論を進める。

　名詞句 (NP) の主要部は名詞 (noun) なので、動詞句の場合と同様に名詞のみが義務的要素である。したがって、たとえば (6a) の sugar は標示付かっこで示すと [NP [N sugar]] となり、(6b) の the man は標示付かっこで示すと [NP[DET the][N man]] となる。この the man を別の標示のしかた、すなわち樹形図 (tree diagram または tree) で図示すると (7) のようになる。

(7)
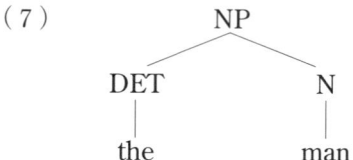

定冠詞の the は、生成文法では限定詞 (determiner, DET) と呼ばれ、名詞を限定する働きをする。(7) をよく見ると NP は DET と N との 2 つに分かれている。この分かれかたを枝分かれ (branching) と言い、

2つに枝分かれすることを2項的枝分かれ (binary branching) と言う。言語の構造はこの2項的枝分かれを普遍的原理とすると考えられている。

名詞の統語的特徴として次のような分布のしかたがある。

(8) We have no ＿＿＿.

(8)の下線部にこれるのは名詞に限定され、他の範疇の語を置くことはできない。

(9) a.　We have no milk （no ideas, no guilty conscience）.
b.*　We have no like.（動詞）
c.*　We have no at.（前置詞）
d.*　We have no new.（形容詞）
e.*　We have no badly.（副詞）

1語の名詞で名詞句全体を置き換えることが可能なので、名詞句は文の主部または主語 (subject) あるいは動詞の目的語 (object) の位置にこれることは明白である。したがって、次の例はこれらの位置にこれるので全体として名詞句である。

(10) a.　the house near the lake
b.　an old man in the train
c.　the fact that the earth is round
d.　an old theory that the earth is flat

名詞の他の特徴としては、可算名詞 (count noun) であれば単数・複数により語形が変わり、複数であれば語尾 -(e)s を付けることができる (e.g. books, boxes) し、単数であればその直前に不定冠詞の a を置くことができる (e.g. a book)。不定冠詞も限定詞 (DET) の1つである。

4. 形容詞句

　形容詞句 (adjective phrase, AP) も動詞句および名詞句のようにその主要部が形容詞 (adjective) で、しかもそれだけが義務的要素である。たとえば、very good は副詞の very と形容詞の good からなる形容詞句であるが、主要部はもちろん good であり、意味を強める語の very は随意的要素である。このように形容詞は very のような副詞によって修飾することができるし、次のような下線の位置に置くことも可能である。

　　(11)　a.　He is very ＿＿＿ (happy, sad, serious, jealous).
　　　　　b.　The dog seems ＿＿＿ (intelligent, angry, tired, friendly).

上記 (11) の下線部には (　　) 内の形容詞がこれるが他の範疇の語はこれない。だから、*He is very slowly. (副詞) あるいは *The dog seems anger. (名詞) などとは言えないのである。このように、very で修飾できることと、be 動詞や seem などに後続する位置にこれることが形容詞の統語的特徴の1つと言えよう。もちろん意味的な制限のために形容詞の全てが very によって修飾できるとは限らない。たとえば、状態を表わす形容詞の absent は He is absent. とは言えるが、*He is very absent. とは言えない。形容詞のもう1つの特徴として、名詞の前で重ねて用いることができることである。

　　(12)　He is a <u>tall</u>, <u>young</u>, <u>handsome</u> boy.

この点で、形容詞は名詞の前で重ねて用いることができない限定詞の the や my (my は伝統文法では代名詞) などとははっきりと異なる。たとえば、*He is a my friend. や *He is my a friend. の非文が示す通りである。

　形容詞の語形の (つまり形態上の) 特徴の1つとして、かなり生産的に否定接頭辞の un- が添加できることがある (e.g. unhappy, unkind, unreal など)。しかし例外もあり、たとえば、unfat, unlittle とはならない。また、形容詞に接尾辞の -ness を付けて、名詞を派生させることができる (e. g. sadness, happiness, kindness) が、やはり例外があり、たとえば possibleness とはならない。

5. 副詞句

　副詞句 (adverb phrase, ADVP) もその主要部は義務的要素である副詞 (adverb) であり、副詞は別の副詞によってのみ修飾可能である。

　　　(13)　a.　He talks [very slowly].
　　　　　　b.　He treats her [very badly].

(13) の例の [　] で示した副詞句は全体として動詞を修飾する。ただし、副詞は 4 節で検討したように形容詞を修飾することもあるし、次の (14b) のように文頭にきて文全体を修飾する場合もある。

　　　(14)　a.　He didn't die happily.
　　　　　　b.　Happily he didn't die.

(14a) では「彼は幸福な死にかたをしなかった」と動詞を修飾するので副詞 happily は動詞句の中に生ずるものと考えられ、(14b) では「幸運にも彼は死ななかった」と同じ副詞でも文頭にきて文全体を修飾すると言えよう。この他の副詞の用法としては、He rightly guessed it. のように直後の動詞を修飾する場合もある。副詞は文中での分布のしかたが最も多様であるという特徴を持つ。
　副詞は形容詞に -ly を付けて派生することが多く、多少の例外はあるけれどもだいたいは語形から簡単に判断することができる。なお、否定語の not は副詞 (adverb) であるとする見解と否定語句 (negative phrase, NegP) の主要部であるとする見解とがある。

6. 前置詞句

本章で取りあげる最後の句は前置詞句（prepositional phrase、PP）で、これもその主要部は前置詞（preposition）である。たとえば、in the box は前置詞の in と名詞句の the box とからなる前置詞句である。前置詞は音声学や音韻論のテクストでは機能語（function word）として扱われるのが一般的であるが、その理由は前置詞のほとんどは代名詞（pronoun）、接続詞（conjunction）、あるいは冠詞（article）などのような機能語と同様に強形（strong form）のほかに弱形（weak form）の音形を持つからである。たとえば、for には強形の [fɔr] の他に弱形の [fər] がある。しかし、本書では前置詞が他の語によって修飾可能な意味を持つことから、内容語として語彙範疇に入るものとみなす。

(15) a. He walked straight into the room.
b. The dog went right for the throat.
c. He hit the nail right on the head.

上記の例では前置詞の into, for, on がそれぞれ straight または right の語によって修飾されている。また、前置詞は意味的にも場所や位置を表わすうえで欠くことのできない語である。

7. X-bar 理論（X-bar Theory）

ここまでは主として語彙範疇に属す語とその最大投射である句範疇について検討してきたが、いくつかの共通性を読み取ることができた。まず、これまで見た全ての句範疇には主要部があり、その主要部の特徴がそれぞれの句の特徴でもあった。そこで、主要部の N, V, A, P, ADV を X で表わすと、それぞれの最大投射、つまり句範疇は XP となる。ところが、Chomsky (1970) と Jackendoff (1977) は X と XP との間にその中間的な構成素があることを主張し、それを $\overline{\text{X}}$（=X-bar、

本書では X′ と表記）と名付けた。また、X の前にくるものを指定部（specifier）と呼び、X の後にくるものを補部（complement）と呼ぶと、英語の全ての句範疇は次のような構造を持つことになる。

(16)
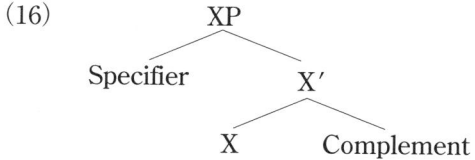

XP は $\overline{\overline{\text{X}}}$ または X″（X-double bar）とも表示されることがある。XP, X′, X, Specifier, Complement をそれぞれ節点（node）と呼び、上に位置する節点がそれより下に位置する節点を支配する（dominate）ものと考えると、それぞれの節点は XP を母節点（mother node）とみなした場合に次のような関係になる。Specifier と X′ は XP の娘節点（daughter node）であり、母節点によって支配されている。また、娘節点はたがいに姉妹（sister）の関係になる。同様に、X と Complement は X′ を母節点とし、おたがいに姉妹の関係にある。

(16) の場合に、X の持つ特性または素性により指定部がある場合とない場合とがある。同様に、X の持つ特性あるいは素性により補部がくる場合とこない場合とがある。たとえば、He killed the cockroach. の文では、名詞句の [the cockroach] は動詞 killed の補部になる。この場合に、補部が欠如すると *He killed. の非文になることから動詞 killed は補部を必要とすることが分かる。これを樹形図で表わすと以下のようになる。

(17)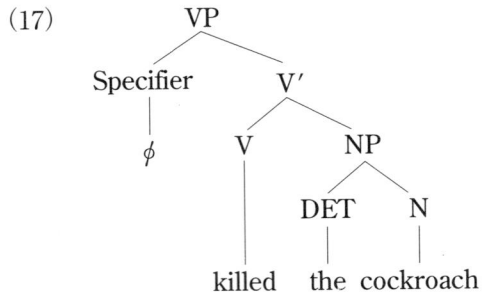

ところが、He killed the cockroach in the kitchen.（彼は台所でゴキブリを殺した。）の文では前置詞句の in the kitchen が名詞句の the cockroach に続いている。これはこの文が適格な文として成立する上で欠くことのできない要素ではなく、付加的にあるもので付加詞（adjunct）と呼ばれる。この動詞句を樹形図で表わすと (18) になる。

(18)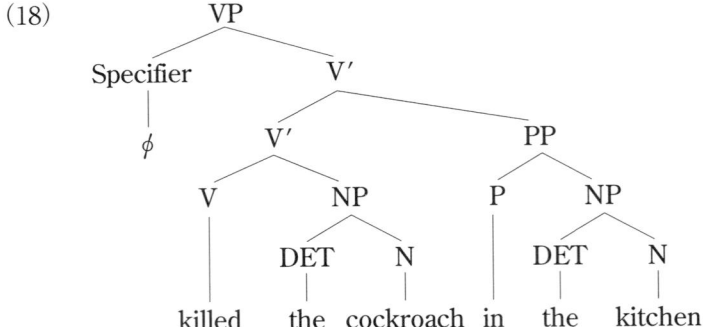

つまり、付加詞の PP (=in the kitchen) は V′ と姉妹関係になり、補部の名詞句 (=the cockroach) は V と姉妹関係になる。英語は上記のような X-bar の構造にしたがって、辞書から取り出した語と語が結合する（merge）と考えられている。

　すでに指摘したように、補部と主要部の順序を見ると、英語は全て主要部が始めにくることから head-initial の言語である。これに対して、日本語はちょうどその逆になり head-final の言語である。このパ

ラメータの違いを動詞句で見てみると次のようになる。

(19) a. He [killed the cockroach].
b. 彼は ［その　ゴキブリを　殺した］。
（he　　the　cockroach　killed）

　同様に、AP, PP, NP おいても英語は主要部が補部の前にくる言語であり、日本語は主要部が補部の後にくる言語である。

8. 構成素統御

　最後に、文において 2 つ以上の要素を関係づける上で重要になる概念がある。これは構成素統御（c-command）と呼ばれ、次のように定義される。

(20) 構成素統御（c-command）
節点 A は次の条件が同時に満たされるときに節点 B を構成素統御する、
（1）A が B を支配しない。
（2）A を支配する最初に枝分かれする節点が B も支配する。

詳しい支配関係（domination）を次の樹形図を用いて説明しよう。

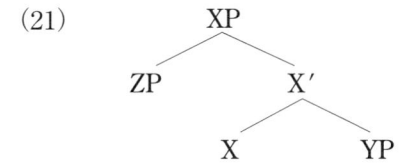

(21)
```
         XP
        /  \
       ZP   X′
           /  \
          X    YP
```

XP と他の全ての節点の間には支配関係があるので、XP とそれらの節点（ZP, X′, X, YP）とは構成素統御の関係にない。ZP を支配する最初に枝分かれする節点 XP は X′、X および YP を支配するので、ZP はそれらの節点を全て構成素統御する。YP を支配する最初に枝分かれす

る節点 X′ は X を支配するが、ZP を支配しないので、YP は X を構成素統御するが、ZP を構成素統御できない。なお、ZP と X′、X と YP はともにお互いを構成素統御している。樹形図を用いると、句や文が階層的構造 (hierarchical structure) からなることを視覚的に明示できるという利点がある。

　構成素統御の概念を用いて、次の例を検討しよう。

(22)　a.　John$_i$ hurt himself$_i$.
　　　b.*Himself$_i$ hurt John$_i$.

上記の a では John が himself を構成素統御しているが、b では構成素統御していない。つまり、再帰代名詞 (himself) は先行詞 (John) によって構成素統御されなければならないことが分かる。これを図示すると以下のようになる (ここでは S = sentence と考える)。

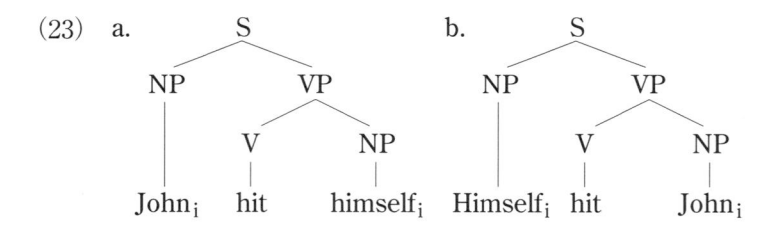

(23)　a.
```
        S
       / \
      NP  VP
      |  /  \
      | V    NP
      | |     |
    John_i hit himself_i
```
b.
```
        S
       / \
      NP  VP
      |  /  \
      | V    NP
      | |     |
   Himself_i hit John_i
```

なお、再帰代名詞と先行詞の詳しい関係については第10章で検討する。

練習問題

1. 次の文の各語の品詞を伝統文法の八品詞にしたがって分類しなさい。

　　a.　I must share a secret with you.

　　b.　Jane read the book carefully.

2. 次の単語の品詞を言いなさい。ただし、複数の範疇に属するものもある。

    a. desk   b. clean   c. swimming

    d. abstract   e. fast

3. 次の各文の下線部をそれと同じ範疇に属する他の1語で置き換えなさい。

    a. Jane is <u>fond of his brother</u>.
    b. The monkeys <u>approve of their leader</u>.
    c. <u>The lecture on warfare</u> was hilarious.
    b. The politicians <u>lecture on warfare</u>.

4. 次の文を例にならって標示付かっこで示しなさい。

    例：[$_{NP}$ [$_{DET}$ The][$_N$ boy]] [$_{VP}$[$_V$ seems] [$_{AP}$ despondent]]

    a. Sue ran into the house.

    b. A man turned the lamp on.

5. 次の名詞句 (NP) の樹形図を描きなさい (on the wall は付加詞である)。

    a picture of John on the wall

6. 本文の樹形図 (18) で V が構成素統御している節点を全て示しなさい。

第3章　語彙

▶ Introduction

In a traditional grammar, verbs fall into two subclasses: 'transitive' and 'intransitive' verbs. A transitive verb takes a direct object, while an intransitive verb does not. For example, in the sentence *John hit Mary*, the verb *hit* is a transitive verb as it takes the following object, *Mary*. By contrast, in the sentence *John slept*, nothing needs to be added to the verb, and so the verb *slept* is an intransitive verb.

In a recent theory of generative grammar, categories seem to group themselves into classes with respect to certain properties or features. For example, verbs and prepositions can take NP direct objects, but nouns and adjectives cannot. We will argue that content words can be classified in terms of such features as [N] and [V].

When a verb can take an NP direct object, we say that the verb subcategorizes for a following NP. In other words, the verb has the following lexical information: [__ NP] (the underline indicates where the verb occurs). This lexical information is called the (strict) **subcategorization feature**. Not only verbs, but also prepositions, adjectives, and nouns have such subcategorization features.

In a more recent grammatical theory, many grammarians regard bare nominals such as *eggs* and *students* as DPs (determiner phrases) headed by an empty determiner, and also pronouns as determiners used without a complement. This is called the **DP hypothesis**, which we will also assume in this book.

In the sentence *John hit Mary*, *John* plays the role of **Agent** or doer of the action, and *Mary* plays the role of **Patient** or undergoer of the action. The roles of Agent, Patient, etc. are the **thematic relations** or **theta roles** that noun phrases can have. When we consider how words are put together to form a sentence, we will have to take into account thematic relations or theta roles. Therefore, we will discuss the requirement concerning theta roles.

---

1. 範疇

初めに内容語、すなわち語彙範疇 (lexical category) に属す語の中で、文においてとくに主要な役割を担う名詞 (N)、動詞 (V)、形容詞 (A)、それに前置詞 (P) について検討しよう。これらの語はそれぞれ辞書において [N] (名詞的素性)、[V] (動詞的素性) のような素性を持つものと仮定すると、次のように分類できる。

(1)　Noun:　　　　[+N, −V]
　　　Verb:　　　　 [−N, +V]
　　　Adjective:　　[+N, +V]
　　　Preposition:　[−N, −V]

(1) の表示で、+ (プラス) はその素性を持つことを示し、− (マイナス) はその素性が欠如することを示す。たとえば、動詞の give は [−N, +V] の素性をもつが、これは名詞的素性が欠如し、動詞的素性を持つことを表わしている。このように、個々の語は辞書において動詞あるいは名詞といった品詞としてではなく上記のような素性の束から成る

ものと仮定することができる。

　この考えを押し進めると、何らかの共通した素性を持つ語の場合には、当然のことながら共通した現象を示すものと考えられる。たとえば、次の例が示すように、動詞と前置詞は [–N] の素性を共有し、その直後に名詞句がくるが、他の範疇の語の場合にはその直後に名詞句がこれない。

　　　（2）　a. John ate the cake.
　　　　　　b. John sat on the cake.
　　　　　　c.*John is fond the cake.（形容詞）
　　　　　　c.*John's refusal the cake（名詞）

また、[+N] の素性を持つ名詞と形容詞とはその直後にたとえば of を主要部とする前置詞句の補部がくることがある。

　　　（3）　a. John's <u>fear</u> of heights
　　　　　　b. John is <u>fearful</u> of heights.

　同様に、動詞と形容詞は [+V] の素性を共有している。このことはそれらが何らかの共通性を統語的に持つことを暗示している。事実、英語では動詞の過去分詞形は形容詞としての機能があり、(4) に示すように very で修飾可能である。

　　　（4）　a. She became very <u>heated.</u>
　　　　　　b. We had a very <u>heated</u> argument.

(4a) の場合には過去分詞形の heated は動詞 became の後に来て、しかも very によって修飾されている。さらに、英語においては [–V] を持つ名詞と前置詞とは分裂文（cleft sentence）において生じ、次のようになる。

(5) a. It was the book that I found under the table.
　　　b. It was under the table that I found the book.

本章においては上記の素性を用いて考察を深めるが、動詞あるいは名詞などの呼称も便利なので併用することにする。

2. 下位範疇化素性

すでに第2章で、動詞の特性または素性によって動詞の直後に補部（または目的語）がくるかどうかが決まることを指摘した。動詞は、伝統的に自動詞と他動詞の2種類に分類されてきたように、その統語的特徴によりさらに下位区分することが可能なのである。たとえば、動詞の kill はその直後に名詞句の補部を必要とすることが次の例で分かる。

(6) a. John killed the cockroach.
　　　b.*John killed.

(6a) は伝統文法では他動詞の典型的な用法の1例になる。このようにある語がその直後にどのような語を従えるかを決定する素性を下位範疇化素性 (subcategorization feature) と呼ぶ。

次の例を見ながらもう少し動詞について検討しよう。

(7) a. He put the book on the table.
　　　b. He drank milk.
　　　c. She slept.

(7a) は put (現在形も put) がその後に名詞句 (the book) と前置詞句 (on the table) を従えることを示している。そのいずれか一方が欠如してもこの文は非文になるから、名詞句と前置詞句の両方が同時に存在しなければならないことになる。同様に、(7b) は drank (現在形は drink)

がその直後に名詞句 (milk) を必要とすることを表わしている。(7c) の slept (現在形は sleep) の後には何も来ていない。以上の事実をそれぞれの動詞の素性として表示すると (8) のようになる。

(8) a. put: [–N, +V]   (category)
              [___ NP PP] (subcategorization)
    b. drink: [–N, +V]   (category)
              [___ NP]   (subcategorization)
    c. sleep: [–N, +V]   (category)
              [___]   (subcategorization)

(8) の [___] 内の下線部はその位置に動詞が来ることを意味する。上記の素性はどれもみな義務的な素性である。ところがさらに次のような例もある。

(9) a. He bought Mary a book.
    b. He bought a book.

(9) の場合には、a と b では意味が異なる。(9b) は「彼は自分の為に本を買った」と解釈できるので、bought の後に表現されない名詞句 (implicit NP)、すなわちこの場合には himself が存在するとの考え方もある。この解釈にしたがい表現されない随意的 (optional) な名詞句を ( ) で示すと、bought の素性は [___ (NP) NP] のようになるものと考えられる。動詞の後に続く (つまり、補部の位置に生ずる) このような NP を内項 (internal argument) と呼び、主語の位置に生ずる NP を外項 (external argument) と呼んで区別することがあるが、これを項構造 (argument structure) と言う。

　次に形容詞について検討してみよう。前節で述べたように形容詞の後に他の範疇の構成素が続く他動詞的なものと、何も続かない自動詞的なものとがある。したがって、形容詞にも下位範疇化素性が必要である。

(10)　(他動詞的)
　　　a. She is fond of her mother.
　　　b. Sue is afraid of dogs.
　　(自動詞的)
　　　c. She is happy.
　　　d. Sue is beautiful.

(10a) の fond はこの文ではその直後に前置詞句 (of her mother) を従えなければならないことを示している。たしかに、上記のような前置詞句がその後にこないと非文 (*She is fond.) になるのである。同じことが (10b) についても言える。これに対して、(10c) と (10d) はともにこれらの形容詞が自動詞的な性質を有し、そのあとに何も従える必要がないことを示している。したがって、たとえば (10a) と (10c) の形容詞の下位範疇化素性を比較すると次のようになる。

(11)　fond:　　[+N, +V]　　(category)
　　　　　　　[＿＿ PP]　　(subcategorization)
　　　happy:　[+N, +V]　　(category)
　　　　　　　[＿＿]　　　　(subcategorization)

また、形容詞にも自動詞的な性質と他動詞的な性質の両方を持っている語がある。たとえば、次の conscious がそうである。

(12)　a. He is conscious of the problem.
　　　b. He is conscious.

(12a) の方は「～に気づいている」の意味になり、(12b) の方は「意識がある」の意味で、両者は微妙に意味合いが異なるので、動詞の bought とは違って表現されない前置詞句 (implicit PP) が形容詞に続くとは考えず、下位範疇化素性の異なる 2 種類の conscious であるとみなす。

前置詞についてはすでに第2章で言及したように、句動詞の一部として生ずる場合がある。ここでは他の例と比較しながら見てみることにする。

(13) a. He put the hat on.
　　　b. She ran into the room.
　　　c.* She ran into.

(13a) の場合には句動詞 put on に後続する名詞句 the hat が動詞 put の直後に移動したものと考えることにする。(13b) と (13c) は前置詞の後には名詞句がこなければならないことを示している。したがって、これらの事実を下位範疇化素性で表わすと次のようになる。

(14) on:　　[–N, –V]　　(category)
　　　　　　[___ NP]　　(subcategorization)
　　　into:　[–N, –V]　　(category)
　　　　　　[___ NP]　　(subcategorization)

以上のように、本書では前置詞は必ず名詞句を従えなければならないという立場を取ることにする。

最後に、名詞について見てみよう。名詞にはPPや文を補部として必要とするものと、その必要のないものとがある。

(15) (補部を必要とする)
　　　a. the destruction of the city
　　　b. her refusal of the proposal
　　　c. the fact that the earth is round
　　　(補部を必要としない)
　　　d. his sleep
　　　e. her death

コンテクストなしにいきなり the destruction あるいは her refusal の名詞句を主語として文を作ると、意味が不完全な文になる (e.g. ?Her refusal was big news.)。この事実からこれらはその直後に of を主要部とする前置詞句を従えるという素性をもっていることになる。つまり、destruction と death の下位範疇化素性を比較的に表示すると次のようになる。

(16)　destruction:　[+N, −V]　（category）
　　　　　　　　　 [＿＿ PP]　（subcategorization）
　　　　death:　　　[+N, −V]　（category）
　　　　　　　　　 [＿＿]　　　（subcategorization）

ここまでは (15) のような句を全て名詞句とみなしてきた。ところが最近になって、これらの句は限定詞句 (determiner phrase, DP) であるとの主張が主流になっている。これを DP 仮説 (DP hypothesis) と呼ぶ。第2章で指摘したように、冠詞の the, a はともに限定詞、すなわち名詞を限定する語であり、同様に代名詞（所有格）の my, his, your なども限定詞である。限定詞は形容詞のように重ねて使うことができないだけでなく、いつも形容詞に先行する。また、次のような語も全て限定詞と見なされている（伝統文法による品詞を（　　）の中に示した）。

(17)　a. all, some, any（形容詞／代名詞）
　　　b. this, that（指示形容詞／代名詞）
　　　c. he, she, I, you, we, they（代名詞）

これらの限定詞が主要部であると考えると、たとえば、the boys は限定詞 (=the) ＋名詞句 (boys) から成る DP と考えられるし、語彙範疇とは異なり機能範疇は主要部がゼロ (φ) の可能性がある。(18a) のような語句は全てその最大投射が DP になり、主要部は代名詞もしくはゼロである。

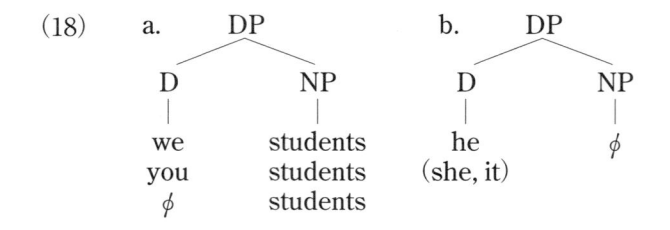

(18)　a.　　　DP　　　　　　b.　　　DP
　　　　　　／＼　　　　　　　　　／＼
　　　　　 D　 NP　　　　　　　 D　 NP
　　　　　 │　 │　　　　　　　　│　 │
　　　　　we　students　　　　　he　　φ
　　　　　you　students　　　(she, it)
　　　　　φ　 students

　これらは全て文の主語として用いることができ、D (=DET) が φ の時には主要部はその補部に複数形の可算名詞を要求すると言えるのである。しかし、もし主要部が φ の時に単数形の可算名詞を補部としてとると、非文になる (e.g. *Student is coming.) ことが分かる。これとは逆に、D が単数形の he, she, it などの時には補部が φ になる。さらに、D には全てではないが、次のように NP が後に続く場合とそうでない場合とがある。

(19)　a. Look at <u>that dog</u>.
　　　b. Look at <u>that</u>.

3. 主題関係（θ-役割）

　語と語が結合 (merge) して句をつくる原理についてこれまで考察したが、語の結合のしかたが下位範疇化素性と最終的に関連するものなのであろうか。まず、次の例を見てみよう。

(20)　a. She kicked John.
　　　b. kick:　[–N, +V]　　(category)
　　　　　　　 [＿＿ DP]　　(subcategorization)

(20) の文では動詞 kick「蹴る」の動作主 (Agent) は She であり、その被動作主 (Patient) は John である。このような動作主と被動作主との関係を主題関係 (thematic relations) もしくは θ-役割 (theta roles、θ-

roles)と呼ぶ（以下ではより一般的な「θ-役割」の用語を使う）。(20b)に示した動詞の素性からはこの意味上の関係が理解できないし、この主題関係を抜きに文の成立はありえない。つまり、上記の例で言えば、動詞 kick は 2 つの θ-役割（Agent, Patient）を持っていて、どちらの DP（she, John）にどちらの θ-役割を付与するのか語彙の情報としてこの動詞があらかじめ持っているものと考えられる。

次のリストは今日多くの学者が使っている θ-役割である。ただし、学者によって多少の違いもある。

(21) a. Agent（動作主、動作または行為をする者）
   e.g. John hit Mary.
b. Patient（被動作主、動作または行為の対象となる者）
   e.g. Mary hit John.
c. Theme（主題、移動により位置が変わる者と物）
   e.g. I gave a book to Mary.
d. Goal（着点、移動または行動の到着点）
   e.g. John went from Chicago to New York.
e. Source（起点、移動または行動の出発点）
   e.g. Mary went from New York to Chicago.
f. Experiencer（経験者、出来事を感じたり知覚する者）
   e.g. The man saw the accident.
g. Benefactive（受益者、出来事の恩恵を受ける者）
   e.g. Mary gave me a present.
h. Location（位置、出来事の起こる場所）
   e.g. We stayed at the hotel.
i. Instrument（道具、ある行為をするために使う物）
   e.g. This key will open the door.

これらの θ-役割の断定が必ずしも簡単にできないことがあるし、1 つの DP が複数の θ-役割に解釈できることもある。次の下線部の DP

は複数のθ-役割に解釈できる例である。

(22) a. <u>Bob</u> stole the car. （Agent, Goal）
b. <u>John</u> jumped into the pond. （Theme, Agent）
c. <u>Mary</u> sold her car to John. （Agent, Source）

個々の動詞はその項に対して(21)のようなθ-役割を付与するので、外項の限定詞句を DP_1、内項の限定詞句を DP_2 と表わすと、動詞 kill は次のようなシータグリッド (theta grid)、すなわちθ-役割に関する情報を持つものと言えよう。

(23) kill: [DP_1,　　DP_2]
　　　　　　<Agent,　Patient>

4. θ-基準

(23)の例は動詞 kill が2つのθ-役割を持ち、その外項（＝主語）と内項（＝目的語）にそれぞれ適切なθ-役割を付与するものとすれば、その全ての条件を満たしてくれる Mary killed John. は適格な文である。ところが、もしも内項が2つ（すなわち DP_2 と DP_3）あったらどうであろうか。この場合には DP_3 の項が動詞から何もθ-役割をもらえないので不適格な文になるものと予測される。また逆に、内項もしくは外項が1つもなければ、動詞のθ-役割の受け手が不足してやはり不適格な文になるものと予測される。次の例がこの予測が正しいことを示している。

(24) a. *Mary killed John Bob.
b. *Mary killed.

このような非文を生成しないために設けられた基準がθ-基準（theta criterion）と呼ばれるもので、次のように各項と各θ-役割とが一対一

に対応するように規定されている。

(25) θ-基準
    a. 各項は単一のθ-役割だけが付与される。
    b. 各θ-役割は単一の項のみに付与される。

θ-役割から判断して、動詞killの動作主が主語(＝外項)になり被動作主が目的語(内項)になるのは予測可能であるとの立場から、統語素性の下位範疇化素性は不用もしくは余剰的であるとする主張がある。すなわち、統語素性の下位範疇化素性を範疇(category)に関する選択(c-selection)とすると、これは意味(semantics)に関する選択(s-selection)であるθ-役割がわかれば、あとは規範的構造具現(canonical structural realization, CSR)によって適格な文が派生されるのである。規範的構造具現(CSR)とは、名前は、通例、「名詞」によって表現され、動作は「動詞」によって表現される、というような主張を指す。しかし、次のaskとwonderの相違は格(Case)の素性——目的格(objective case)——と関係し、θ-役割からだけでは帰納できないと考えられている。

(26) a. I asked what time it was.
      b. I asked the time.
      c. I wondered what time it was.
      d.*I wondered the time.

したがって、格素性の指示があれば、あとは意味に関する選択(s-selection)とCSRだけを必要とし、範疇に関する選択(c-selection)は不用と言えよう。

練 習 問 題

1. 伝統文法では目的語を要する動詞が他動詞、目的語がなくても完全な意味を表わす動詞が自動詞である。次の下線部の動詞は他動詞か自動詞か示しなさい。さらに問題があれば指摘しなさい。

    a. He gave freely to the food bank.
    b. He gave me a present.
    c. John became a famous politician.
    d. The dress became her.

2. 前置詞句を従える形容詞（本文以外）の例を2つ書きなさい。

3. 次の語の下位範疇化素性を示しなさい。

    a. give:　　　　　　b. meet:

    d. aware:

4. 次の下線部の DP の θ-役割を書きなさい。

    a. Mary likes hot chocolate.

    b. A falling rock hit me.

    c. Mary cut the meat with a knife.

5. 次の文はどのように θ-基準に違反するか示しなさい。

    *John gave the book.

第4章　文の構造

▶ Introduction

We have shown in the previous chapters that phrases are the projections of their head categories. We will start this chapter by addressing the following questions: Is there a head in a sentence? If there is one, then, what is the head of a sentence?

A sentence is defined in traditional grammar as an expression which contains a subject and a predicate. But this is not always a sufficient description of sentences since we know that a sequence of a subject and a predicate like *Henry be a psychiatrist* is not a grammatical sentence in English. What is wrong with this sentence is that the verb is not marked for **tense** or **agreement** with the subject. But what exactly are tense and agreement, and how can they be expressed in the structure of a sentence? Although we often find a correlation between tense and time reference, the correlation is not perfect. This can be seen in the fact that although there is only present‒past tense distinction and no future tense in English, we can certainly talk about the future. Agreement is also a purely grammatical notion.

In order to incorporate these grammatical notions, we will introduce a **functional category** which has no descriptive content and serves essentially grammatical functions such as checking grammatical tense features and agreement features. We will show that by assuming this functional category, the structure of sentences can be analyzed as the projection of the head of this category.

Sometimes a sentence can be embedded inside another sentence to form a complex sentence. Traditionally, the word *clause* is used to refer to a sentence which is a part of a larger structure, and the word *sentence* is reserved for a free-standing clause. For example, in the sentence, *Meg thinks that Henry is a good psychiatrist*, *that Henry is a good psychiatrist* is a **complement clause** of the verb *think*. One notable difference between complement clauses and **matrix clauses** is that complement clauses are often introduced by words such as *that*, *if*, and *whether*. We will discuss what these words are, and how they are incorporated into the structure of clauses.

---

1. 法助動詞とテンス

　第2章で英語の主要な句構造を検討したがそれらはどのように組み合わさってさらに大きな構造である文 (Sentence) を形成するのであろうか。まず次の (1) のような文を検討してみよう。

　　　(1) The girls can play the piano.

すでに見てきたように、(1) で [the girls]、[the piano] はそれぞれ DP を形成し、さらに動詞 play は補部 [DP the piano] とともに VP を形成する。can は伝統文法において may、must、will、should などと同様、法助動詞 (modal auxiliary verb) と呼ばれる語彙項目 (lexical item) である。この文をさきに見た X-bar の構造に当てはめると、can は語彙項目であるから [VP play the piano] を補部 (complement) とする構造の主要部 (head) になると考えることができる。さらに、[DP the girls] は主要部 can の指定部 (specifier) と考えられる。助動詞 can の属する範疇を仮に AUX とすると、(1) の文の構造は以下のように表すことができる。

（2）
```
         S(AUXP)
        /      \
      DP       AUX′
      /\      /    \
             AUX    VP
                   /\
   the girls  can  play the piano
```

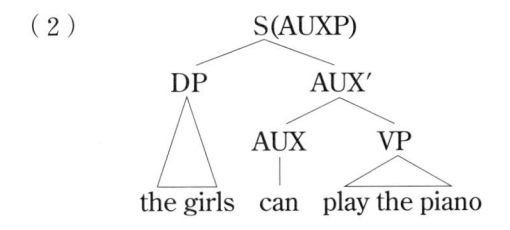

（2）では文はAUXを主要部とする構造として表されている。しかし、（2）の構造では（3）にあげる文のように法助動詞を含まない文の構造を表すことができない。

　　（3）　The girls played the piano.

（3）は可能な文であるにもかかわらず、文（S）をAUXの投射と考えると、これは主要部が無い文ということになってしまう。また、（3）にはcanに代わる語彙項目がない。X-barの構造を用いて（3）が文法的な文であるという事実を表すためにはAUX以外のもの、さらには、語彙範疇（lexical category）以外のものが文（S）の主要部となる可能性を考える必要がある。

　（1）と（3）の文を比較してみると、（3）では法助動詞はないが、動詞playが過去形になっている。（1）や（3）のような文は現在や過去といったテンスまたは時制（tense）を含む時制文と伝統的に呼ばれているが、次にあげる例文が示しているように、（1）ではVPの[play the piano]にはテンスを表す要素はなく、助動詞のcanにテンスが表れていると考えられる。（canは能力、可能性を意味する助動詞の現在形でcouldはその過去形）

　　（4）　a. *The girls can played the piano.
　　　　　b. The girls could play the piano.

（3）においてはVPは[played the piano]でその中にすでにテンスを表す要素が含まれているのだろうか。次にあげる例文はVPとテンスを

表す要素とはそれぞれ独立したものであることを示している。

（5） a. The girls DID [$_{VP}$ play the piano].
b. The girls DO [$_{VP}$ play the piano].

（6） a. [$_{VP}$ Play the piano], the girls did indeed.
b. [$_{VP}$ Play the piano], the girls do indeed.

(5a-b) は強調構文で、テンスの違いを表す要素は VP にではなく、助動詞 do に表れていることを示している。(6a-b) では play the piano が文頭に移動し、テンスの違いは助動詞に表れている。第1章および第2章で見たように、移動可能なものは構成素であり、これらの文は play the piano がテンスを表す要素から独立した構成素であることを示している。

以上のことから、(3) の文で過去時制を表す要素は VP 内にではなく、それとは独立してあるべきことがわかる。(3) の構造を検討する前に、(5a-b) の構造を見てみることにする。これらの文には法助動詞、AUX に相当する語はないが、主語と VP の間の助動詞 do にテンスの要素が表れている。このテンスの要素の範疇を T (ense) と呼ぶことにすると、(5a) の文は (2) の AUX を T に置き換えて (7) に示された構造をもつと考えられる。

（7）
```
           TP
          /  \
        DP    T'
       /\    /  \
      /  \ T(ense) VP
     /    \  |    /\
            past
  the girls  did  play the piano
```

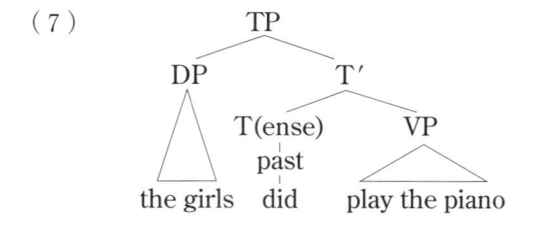

（3）の文には (5a-b) の文と異なって、VP とは独立してテンスを表す語彙項目がない。しかし、時制文であり、現在、過去の違いが表されなければならないので、テンスを表す語彙項目がなくともやはり T

の範疇は存在していなければならず、(3)の文はTのもとに語彙項目が表れない(8)に示しているような構造をもつと考えることができる。

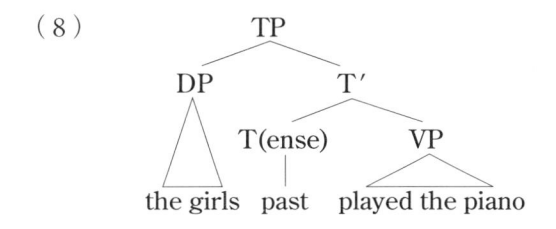

(8)
```
           TP
          /  \
         DP   T′
         /\  /  \
        / \ T(ense) VP
     the girls past  played the piano
```

(3)の文のようにTのもとにくる語彙項目がない場合、Tのもとにあるのは(8)に表したように、過去、現在のテンスの違いを表す素性であると考えることができる。この考えに従うと、動詞は統語構造に挿入される段階ですでにテンスの違いを表す接辞(affix)をもつことによってテンスに関する素性を有しており、その動詞の素性とTの素性が一致するものであるかどうかが照合される。これに対して、Tには素性だけではなく接辞もあり、テンスに関して未指定の動詞がTにあるテンスの素性と接辞を受け取るとする考えがあるが、くわしくは次のセクションと第7章の動詞の移動についての議論を参照のこと。

AUXを文の主要部とする仮説では表せなかった(3)のような文の構造も、AUXに代わってT(ense)という範疇を設けることによって表せることがわかった。TはNやVなどの語彙範疇と異なり、事象を叙述する内容をもつものではなく、テンスという文法上の機能を担う機能範疇に属する。機能範疇については第2章および第3章ですでに述べた。機能範疇のTを仮定することにより、(8)では文(S)がTを主要部とする構造として表されている。

それでは、(2)にあるようにAUXを主要部とする文と、Tを主要部とする2通りの文構造が必要なのであろうか。(4a-b)でふれたように、AUXを含む文も時制文であり、テンスを表す要素は法助動詞にある。テンスを表す要素の範疇はTであり、すべての文で時制要素は

機能範疇のTにあると考えれば、その時制要素のゆえに法助動詞もTに属すると考えることができる。can のような法助動詞がTのもとにあると考える根拠の1つに、法助動詞はTのもとにあると考えられる他のテンスに係わる要素と共起できないことがあげられる。

(9) a.*The girls can plays the piano.
　　 b.*The girls could DID play the piano.

Tのもとには法助動詞もくることができるとすると、AUX はもはや必要ではなく(2)は(10)のように改められる。

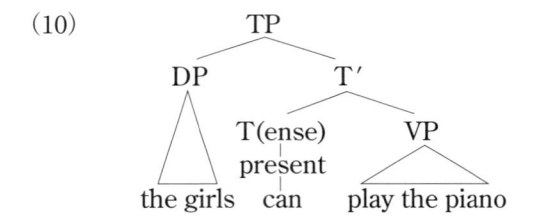

(10)　　　　　　　TP
　　　　　　　／＼
　　　　　　DP　　T′
　　　　　　／＼　／＼
　　　　　　　T(ense)　VP
　　　　　　　present
　　　　the girls　can　play the piano

以上見てきたように、テンスに係わる要素がVPとは独立した機能範疇の1つであるTにあると考えることにより、文の構造をTの投射として分析し、S=TPとみなすことができる。

2. 屈折 (Inflection)

　この節では、機能範疇Tのテンスを表す要素とは具体的に何なのかをまず検討し、次に、これまで見てきた文には明示的には表れていなかったが時制と同様、動詞に語形変化をもたらす要素である主語と動詞の一致についても検討し、文の構造を改めて考察する。
　ここまでTをテンスに係わる要素の範疇として議論を進めてきたが、伝統文法以来、テンスとはどのようなものとして考えられてきたのであろうか。私たちは過去、現在、未来という「時」(time)の概念をもっているが、それは言語とは独立した(extralinguistic)ものであ

る。言語においてこの過去、現在、未来の時の関係を表すための言語特有の仕組みがテンスであり、これは「時」とは区別されなければならない。

次の (11a) と (11b) の違いは、テンスの違いであり、それぞれ現在時制、過去時制の文となっている。

(11)　a. The girls play the piano.
　　　b. The girls played the piano.

これらの文においてテンスの違いは動詞の語形変化の違いとして現れている。これに対して、英語には動詞の未来形はなく、(11a-b) に対応する未来を表す文はさまざまな形式で表される。以下に可能な例のいくつかをあげる。

(12)　a. The girls <u>are going to play</u> the piano.
　　　b. The girls <u>will play</u> the piano.
　　　c. The girls <u>are playing</u> the piano（later）.
　　　d. The boys <u>will play</u> the violin before the girls <u>play</u> the piano.

このことから英語には現在時制、過去時制に対応する未来時制は存在しないと考えられる (cf. Quirk et al. 1984)。

英語ではテンスの違いが動詞の語形変化の違いとして表れることをみたが、ほかにも動詞の語形変化に表される要素がある。動詞 speak を例にとって、現在時制、過去時制のそれぞれのパラダイムを見てみよう。

(13)　present tense　　　　　past tense
　　　I speak　　　　　　　　I spoke
　　　you speak　　　　　　　you spoke
　　　he/she speaks　　　　　 he/she spoke

we speak	we spoke
you speak	you spoke
they speak	they spoke

過去形には1つの形spokeしかないが、現在形には主語が3人称単数のときのspeaksと、その他の場合におけるspeakの2つの形がある。このように、主語の人称(person)と数(number)による動詞の語形変化は、英語ではほとんどの動詞で3人称(3rd person)・単数(singular)・現在(present)でしか明示的に表れないが、次のイタリア語の例が示すようにもっと多くの変化を示す言語もある。

(14) present tense   past tense
     1st sg   io parlo   io parlavo
     2nd sg   tu parli   tu parlavi
     3rd sg   egli parla   egli parlava
     1st pl   noi parliamo   noi parlavamo
     2nd pl   voi parlate   voi parlavate
     3rd pl   essi parlano   essi parlavano

英語の動詞の中でもbeは他の動詞よりも多くの変化を示す。

(15) I am   I was
     you are   you were
     he/she is   he/she was
     we are   we were
     you are   you were
     they are   they were

上で見たような主語の人称・数などの違いによる動詞の語形変化を伝統文法では「主語と動詞の一致(subject-verb agreement)」と呼んでいる。

この「主語と動詞の一致」は生成文法の枠組みではどのように考えられるのであろうか。例えば、The student speaks Italian.という文で、主語の the student は DP であることのほかに三人称・単数のようないくつかの素性 (features) をもっている。動詞 speaks も三人称・単数・現在であるという素性をもっている。このような主語と動詞がそれぞれもっている素性がお互いに一致するものかどうかを照合する仕組みが必要となる。これまでに検討してきた文の構造では、主語と動詞は TP の主要部 T に対してそれぞれ指定部、補部の主要部という関係にある。動詞と T が関係することはすでに見たが、ここで T を介して主語と動詞の一致を捉える仕組みを考えてみよう。

　「主語と動詞の一致」もテンスと同様に動詞の語形変化として表れることから、これらはすべて動詞の語形変化に係わる素性をもつ同じ機能範疇に属すると考えてみよう。動詞はその機能範疇の主要部とテンス、人称、数のそれぞれに関して一致した素性をもっているか照合される。これまでテンスの素性だけを取り上げ、その範疇を T としてきたが、ここではテンス以外の素性をも含む範疇となるので T という標識 (label) はもはやふさわしくなく、動詞の語形変化の素性 (屈折) 一般に係わる Inflection (INFL, I) の標識のほうがより適している。この考えにしたがうと The student speaks Italian.は以下のような構造になり、S=IP となる。

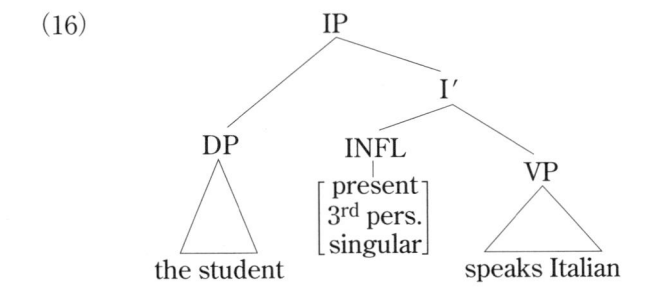

(16)

```
            IP
           /  \
          /    I'
         /    / \
        DP  INFL  VP
        |   [present]
        |   [3rd pers.]
        |   [singular]
        |           |
    the student  speaks Italian
```

VPの主要部である動詞はそれを支配する範疇であるIPの主要部とその素性において一致している。これを「主要部-主要部の一致」(head-head agreement)と呼んでいる。

次に主語の the student と INFL の関係を見てみる。(16)に示した構造で、INFLと主語は主要部と指定部の関係にあり、それぞれの人称・数に関する素性は一致している。この関係を「指定部-主要部の一致」(specifier-head agreement、あるいは spec-head agreement)と呼ぶ。このように伝統文法で「主語と動詞の一致」と呼ばれる現象は主語と動詞の素性がそれぞれINFLの素性と一致していることによって達成されると考えられる。

以上のように、テンスや主語の人称・数などに係わる素性をもつ機能範疇INFLを仮定することによって、文はINFLを主要部とするX-bar理論に沿った構造を持つことが理解され、さらに、「主語と動詞の一致」に関しても構造に基づく説明をすることができる。

3. 補文構造

これまでは、動詞の目的語がDPで、いわゆる伝統的に単文と呼ばれる文に例をしぼってみてきたが、いくつかの文がまとまって全体で1つの文を構成することも可能である。これは1つの文からなる単文(simple sentence)に対して、複文(complex sentence)と呼ばれる。ここでは、複文の中でも、文が動詞やその他の述語の補部となって別の文の一部となる補文構造と呼ばれるものについてくわしく検討する。まず、次の例を見てみよう．

(17) a. Sue thinks that Jim may like her.
b. The student is not sure whether she will pass the exam.

(17a)と(17b)はそれぞれ文であり、さらに、それぞれの中で下線を引いた部分も文であるから、上の文はそれぞれ2つの文から成ってい

ることになる。前節では、文はテンスや「主語と動詞の一致」の素性などからなる主要部 INFL の投射、IP として考えられることがわかった。この考えに従うと、たとえば (17a) の文全体が IP であり、また下線部の Jim may like her も IP であることになるが、この 2 つの IP がどのように結びついて 1 つの構造をなすのか検討する必要がある。

　まず、(17a) の that、そして (17b) の whether はこれまで見てきた単文には表れなかったが、それらがどのような範疇に属し、どのようにほかの語と結びつき、どのような役割を担っているのかが問題になる。(17) のような補文を含む文も単文と同じように、X-bar 理論の二項的に枝分かれする構造 (binary branching structure) に当てはまると考えてみよう。that は IP を補部とし、that を主要部とする句は V の thinks の補部となると考えられる。これに従うと、たとえば (17a) の VP の構造は次のように表される。

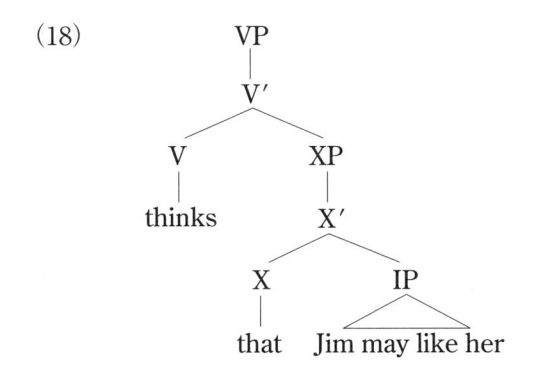

(18)
```
           VP
           |
           V′
          /  \
         V    XP
         |    |
       thinks X′
             /  \
            X    IP
            |    |
          that  Jim may like her
```

　(18) の構造が示すように that+IP は句 (XP) を構成し、構成素であると考えるのが妥当だとするいくつかの根拠を検討してみることにする。(19) にあげた例文を見てみよう。

(19) a. Sue thinks *that Jim may like her*, and *that he may ask her out*.
   b. Sue thinks *that Jim may like her*, and she really thinks so.
   c. *That Jim may like her*, Mary thinks (to herself).

(19a)では、2つの that+IP が等位接続詞の and で結ばれている。(19b)では、that+IP が代用表現の so で置き換えられている。(19c)では、that+IP が文の先頭に移動している。これらは第1章でも見たように、ある語の連鎖が構成素であるかどうかを示す根拠になるから、(19)の例はすべて that+IP が構成素であることを示している。whether+IP についても以下のように同様の方法によって構成素であることを確かめることができる。

(20) a. The student is not sure *whether she will pass the exam* or *whether she is going to take it*.
   b. *Whether (or not) she will pass the exam*, the student is not sure.

that や whether が IP を補部とする範疇の主要部であることがわかったが、これらが属する範疇はどのような性質をもつのだろうか。that や whether は上でも見たように補文 (complement clause) を導く位置にあることから、補文標識 (complementizer) 呼ばれている。したがって、(18)で匿名的に X を用いて表した範疇は COMP あるいは C でしばしば表され、(17a)は(21)にあるような構造をもつことになる。

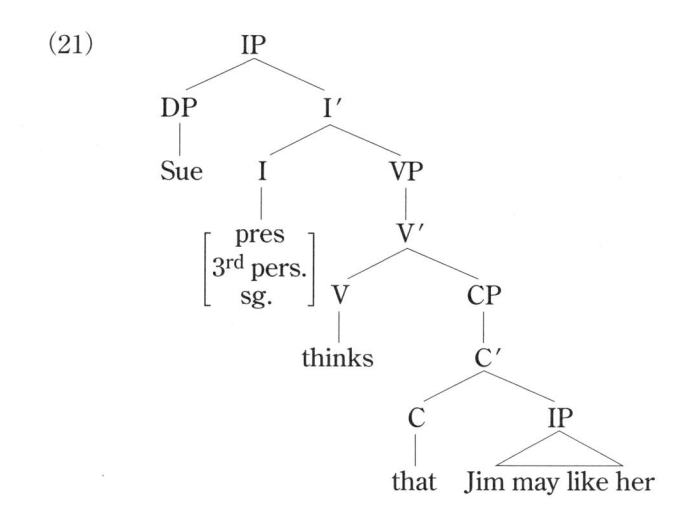

(21)
```
              IP
            /    \
          DP      I'
          |      /  \
         Sue    I    VP
                |     |
              [pres]  V'
              [3rd pers.] / \
              [sg.]     V   CP
                        |    |
                      thinks C'
                            /  \
                           C    IP
                           |    △
                          that  Jim may like her
```

　that や whether には N や V などと違って叙述的な意味はなく、補文を導くといった統語的な機能を担っているだけで、また C の範疇に属する語彙も限られ、歴史を通してその数がほぼ一定していることから、C も I と同様に機能範疇の 1 つであると考えることができる。

　また、(17) の例文にあるように補文を導くのが that であるか whether であるかによって、補文が平叙文であったり間接疑問文であったりする。このことから、C には補文の種類を決定する要素が含まれると考えることもできる。くわしくは、第 7 章を参照されたい。

　最後に (22) にあるような補文標識のない補文構造を検討することにする。

(22)　We know the student is very smart.

(22) の文では補文標識がないので IP の the student is very smart が直接 V の know の補部となって CP のない構造をもつと考えるべきなのであろうか。あるいは明示的には表れなくとも構造上は CP が存在していると考えるべきであろうか。CP の存在を仮定する根拠の 1 つとして次のような文があげられる。

(23)　We know [the student is very smart] and [*that* she will graduate with honors].

第2章でも見たように等位接続詞で結ばれるのは同じ範疇に属するものでなければならない。これに従うと、and のあとの that she will graduate with honors は明らかに CP と考えられるので、the student is very smart も CP でなければならない。すると、the student is very smart は補文標識が語彙として表れないが CP の構造をもつと仮定され、(23) は (24) のように表される。

(24)　We know [$_{CP}$ [$_{IP}$ the student is very smart]] and [$_{CP}$ that [$_{IP}$ she will graduate with honors]].

この分析に基づくと、(22) の文は補文標識の that のある文と同様に (25) にあるように CP の補文構造をもつと考えられる。

(25)　We know [$_{CP}$ [$_{IP}$ the student is very smart]].

以上見てきたように、補文を含めて文の構造を考える上では I や C といった機能範疇を仮定する必要があることがわかった。これらの機能範疇は必ずしも語彙として表層に表れるものではないが、文法上の機能を表す抽象的な素性をもつと考えられる。これらの点を踏まえて、文の構造はテンスや「指定部-主要部の一致」の要素を含む I を主要部とする IP であり、補文はさらに補文標識の C が IP を補部として CP となると考えられる。

練習問題

1. 次のそれぞれの文は、いくつの節からなっているか考えなさい。

   a. You should have noticed that Harry was cheating on you.
   b. We used to get excited about traveling overseas.
   c. As the temperatures rise in the mountains, so too does the probability of avalanches.
   d. The subject of how the internet is shaping language has often been brought up by linguists.

2. 次の文の構造を樹形図で表しなさい。

   a. Kate may be angry about my remarks.
   b. Nobody at the party enjoyed the games.
   c. My parents believe that I will graduate with honors in math.

3. 次の文で if はどのような範疇に属するかを考え、その根拠を述べなさい。また、この文の構造を樹形図で表しなさい。

   I doubt if Bridget understands these sentences.

4. これまでに学んだことに基づいて次の文の構造を分析する際、どのようなことが問題となり得るかを検討し、どのような構造が考えられるか提案しなさい。

   John might have been serious about his proposal.

5. この章では、(a) にあるような補文を導く that は補文標識で、C の範疇に属すると考えた。また、(b) の文にある that は限定詞 (determiner) で D の範疇に属する。しかし、補文を導く that も限定詞の that と同じもので C ではなく D の範疇に属するとすると考えることはできるであろうか。根拠をあげて説明しなさい。

 (a) Meg thinks <u>that</u> he is innocent.
 (b) Meg loves <u>that</u> man.

6. 次の例文を検討し、補文 that がある場合とない場合で一般化が可能か考えなさい。e (=empty) は that が表れないことを示す。

 a. He always says that/ e he will quit.
 b. He protested to his parents that/ *e he wasn't drinking.
 c. That/ *e she is getting married, I will not believe.
 d. I don't believe [that/ e she is over thirty] or [that/ *e she has three kids].

Part 2 応用編

第5章　非時制文

▶ Introduction

Clauses (or sentences) in English have traditionally been classified by the **finiteness** of their verbs. A **finite clause** means a clause whose verb is marked for tense and shows agreement with the subject. Verbs in nonfinite clauses lack such tense and agreement markings, and they typically take the forms of infinitive and participle. We can see that nonfinite verb forms contrast with finite forms in the following examples: *He is innocent.* vs. *I believe him to be innocent.*

Although nonfinite clauses have been called "clauses", we would need to find out whether they have the same structure as finite clauses, and thus deserve to be called clauses. In Chapter 4, we argued that the head of a clause is INFL, which consists of tense and agreement features. Since nonfinite clauses do not appear to have either of these features, what we would expect is that either INFL is absent in nonfinite clauses, or they have a different INFL from that of finite clauses. We will show in this chapter that nonfinite clauses can be understood to have the same basic structure as finite clauses by assuming that INFL contains a feature with a binary value (+ or -) with respect to finiteness.

In addition to the differences in verb forms, finite and nonfinite clauses differ in the form of their subject DPs. In infinitival clauses, a subject appears sometimes with *for* in front, sometimes without *for*, and there are also infinitives with no overt subject. We will introduce a pronoun with no overt phonetic form called PRO, which is assumed to be present in certain nonfinite clauses. We will discuss how different forms of subjects are licensed in infinitival clauses.

Finally, we will take up the issue of constructions sometimes referred to as "verbless clauses" in traditional grammar textbooks. Like clauses, these constructions consist of a subject DP and a predicate, but they differ from ordinary clauses for not containing either INFL or a verb. We will present a possible structure suggested for these constructions and discuss its motivation.

1. 時制節と非時制節

1．1　非時制節の特徴

これまで文の構造をテンスと「主語・動詞の一致」の素性からなるINFLを主要部とするIPとして考えてきたが、英語にはこれらの素性が動詞や助動詞に決して表れない構造がある。この2つの種類の文は伝統的にそれぞれ時制文（節）(finite clause)、非時制文（節）(nonfinite clause) と呼ばれている。非時制節には一般にto-不定詞 (to-infinitive)、現在分詞 (present participle あるいは -ing participle) などの構文が含まれる。次にあげる例文を比較し、時制節と非時制節の違いを検討する。

（1） a. Maggie **speaks** fluent French. （finite clause）
　　　b. The best thing would be [for her to **run** for the president]. （to-infinitive）
　　　c. John finished [**writing** his speech in half an hour]. （-ing participle）

時制節と非時制節の違いはまず、(1a)にあるように時制節は主節(main clause, matrix clause)(あるいは独立節(independent clause))になることができるが、(1b-c)の非時制文は従属節で他の文の一部になっている。次のto-不定詞の例文が示すとおり、非時制文はそれ自体では文として成立しない。

(2) a.*For her to run for the president.
　　b.*To run for the president.

また、先にも述べたとおり、非時制節においては動詞、助動詞にテンスや一致の素性が表れない。(1b-c)の非時制文にある動詞には次の例に示されるように、テンスや一致を表す接辞(affix)、-edや-sがつくことはできない。

(3) a.*The best thing would be for her to runs for the president.
　　b.*John finished wroting his speech in half an hour.

伝統文法の記述の中には、たとえば次のような対比を、「不定詞の現在時制」、「不定詞の過去時制」として表しているものもある。

(4) a. He always seems *to find out* the truth.
　　b. He seems *to have found out* the truth.

しかし、(4b)においてto-不定詞が過去の意味を表しえるのは、完了の意味を表す助動詞のhaveのためで、過去の接辞として表れる時制の素性のためではない。次の例が示すように、完了の助動詞haveにも時制の接辞がつくが、不定詞構文では不可能である。

(5) a. (Before I told him) he had found out the truth.
　　b.*He seemed to had found out the truth.

(5a)の文には過去の時制があり、さらに、完了の助動詞haveによって完了相(perfective aspect)が表されている。このように、テンスと

相を区別して考えると、(4b) の to-不定詞節には時制素性はないが、完了相が表れていると捉えることができる。付け加えると、不定詞で進行相 (progressive aspect) を表すこともできる。

(6) a. He seemed to be working too hard.
b. It seemed that he was working too hard.

(6b) との比較において明らかなように、(6a) ではやはり、相は表されているが、テンスの区別は表れていない。したがって本書では、テンスと相を区別し、時制素性が動詞、助動詞に形態上表れうる節のみを時制節とする。

1.2 非時制節の構造

時制節と非時制節のテンスの素性における違いをみてきたが、これらは構造的にも異なると考えるべきなのであろうか。非時制節は時制節と異なり、主節にはなれないことはすでにみたが、その他の分布は共通していることが次の時制節と to-不定詞節との分布の比較からわかる。(非時制文は従属節にしか起こらないので、時制文も従属節におこるもののみを比較の対象とする。)

(7) 文の主語
a. [That he was innocent] was obvious from the investigation report.
b. [For him to be guilty] was unthinkable.

(8) 述語の補部
a. John knows [that Mary is smarter than he is].
b. He is anxious [for her to pass the bar exam].

(9) 名詞の補部
  a. The idea [that dogs are as intelligent as humans] could be right.
  b. He stressed the importance [for us to do it right].

(10) 形式主語の it を受けた後置構文
  a. It is strange [that John hasn't been eating for two days].
  b. It would be odd [for a cat to be awarded a huge amount of money].

上記 (7-10) の b の例文中の to-不定詞は、(7b) のように文の主語になり得ることなどから構成素であることがわかるが、(7-10) の a の例文の that 節と同様 CP と考えることができるであろうか。たとえば (8b) で pass the bar exam を VP とするのは問題がないであろう。では、その VP は that 節における場合と同じように INFL の補部で、to は INFL に属すると考えられるであろうか。

(3a) と (5b) でもすでに見たように、to-不定詞の動詞にはテンスを表す接辞がつくことはない。さらに、別の例文もあげておく。

(11) a.* I was anxious for him to passed the exam.
  b.* I prefer for him to had spoken English.

このことから、テンスを表す素性と to は共起せず、to が INFL に属するとすると、INFL は時制素性がある場合と、ない場合があるので、二項対立的な性質をもつことになる。to がテンスの素性のない INFL に表れると考えると、時制素性がある INFL にのみ表れる法助動詞や虚辞の（つまり意味をもたない）do とは共起しないと予測ができ、それが正しいことが次の例文から明らかである。

(12) a.* I was anxious for him {to should/should to} pass the exam.
　　 b.* I prefer for him to do speak English.

　このようにINFLをテンスの素性の有無に関して二項対立的に捉えることにより、to-不定詞とテンスを表す接辞、法助動詞などが相補的な分布をすることの説明がつく。時制文、非時制文を表す際の用語finite、nonfiniteから、INFLの二項対立の性質を [±finite] の素性を用いて表すことにする。INFLが [+finite] のときには、すでに見たように [past]、あるいは [present] の素性が指定される。さらに、時制文においてのみ「主語・動詞」の一致の接辞が表れるので、この一致の素性（Agreement、あるいはAgr）は [+finite] のINFLとのみ共起すると考えることができる。したがって、INFLはテンスの素性に関して次のように表すことが可能である。

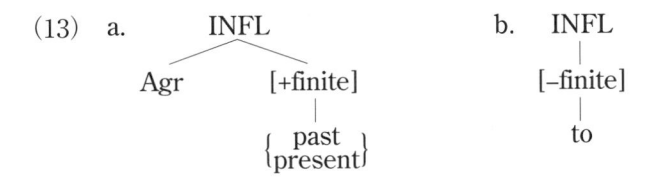

(13) a.　　　INFL　　　　　　b.　　INFL
　　　　　／＼　　　　　　　　　　　｜
　　　　 Agr　[+finite]　　　　　　[−finite]
　　　　　　　　｜　　　　　　　　　　｜
　　　　　　　{ past }　　　　　　　　to
　　　　　　　{present}

　to-不定詞の to は上の (13b) にあるように、INFLにあると考えられることがわかったが、for DP（for の後に DP が続く）はどのように構造に組み入れられるのであろうか。to-不定詞も that 節と同じ CP の構造をもつと仮定すると次のように表すことができる。

(14) a. I am anxious [CP that [IP she should pass the bar exam]].
　　 b. I am anxious [CP for [IP her to pass the bar exam]].

伝統文法でも for の後にくる DP は to-不定詞の主語とみなされており、また、I am anxious for her to pass the bar exam. が I am anxious that she should pass the bar exam.と同じような意味であることから、her が to pass the bar exam の主語の位置にある (14b) の構造は妥当であると考えられる。しかし、(14b) では C の位置にある for を、次に示すように主語の位置にある PP の主要部と捉える可能性も指摘されうる。

 (15) I am anxious [$_{CP}$ [$_{IP}$ [$_{PP}$ for her] to pass the bar exam]].

そこで、(14b) の構造のほうが (15) よりも妥当であることを示す統語的根拠をいくつか検討しよう。まず、前置詞句 (PP) が動詞 pass の主語になれないことは、[$_{PP}$ For her] passed the bar exam のような文が非文であることからわかる。また、虚辞 (expletive) の there は文の主語の位置 (Spec IP) にしかこれないことがよく知られているが、次に示すとおり、不定詞構文の for のあとにもみられる。これは、虚辞の there が前置詞の目的語とならないこととも対照される。

 (16) a. [$_{IP}$ There [$_{I'}$ is likely to be a heavy shower later today]]
   b.*[$_{DP}$ there's [$_{NP}$ likelihood of a heavy shower]]
   c.*The report is [$_{PP}$ about there someone in the house].
   d. It is important for there to be enough food for all the guests.

これらのことから、不定詞構文の for DP は前置詞句を形成するのではなく、(14b) のように DP だけが Spec IP (すなわち IP の指定部) にあると考えられる。

 時制文における that に対応して、for が不定詞構文で C の位置にあると考えると、時制文と非時制文は INFL と C の機能範疇における違いをのぞいては、同じ構造をもつことになる。for と不定詞の INFL との関連については、北アイルランドで話されている英語の一方言、Belfast English に見られる。Henry (1992) は、次のような Belfast English の不定詞構文の対比は for が to と共に INFL にあると考える

ことによって説明がつくとしている。

(17) a. I wanted [Jimmy for to come with me].
b.*I wanted [for Jimmy to come with me].
c. I want [there for to be some peace and quiet sometime].

この Belfast English の例は不定詞の INFL と for が密接に関係していることを示している。標準英語で Belfast English とは異なり、*I prefer him for to stay longer のような文が不可能なのは to と共に INFL にあった for が C に移動するためという提案もなされている。

以上のことから、時制素性のない不定詞構文も (18) に示すように時制文と同じ構造をもつと考えることができることがわかる。

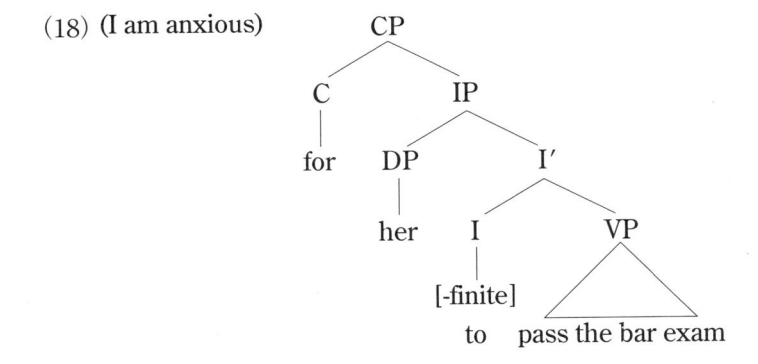

(18) (I am anxious)

```
         CP
        /  \
       C    IP
       |   /  \
      for DP   I'
          |   /  \
         her I    VP
             |    /\
         [-finite]
             |
             to  pass the bar exam
```

ここではいわゆる for-to 不定詞を例にとり、非時制文の構造を検討したが、以下の節ではそれ以外の不定詞構文、非時制節について検討する。

2. 主語の表れない to-不定詞

2.1 音形のない主語

この節では主語の表れない to-不定詞をおもに検討する。まず、次のような文の不定詞について考えてみよう。

(19) a. Jennifer wanted to marry Dave.
b. Jennifer expected to marry Dave.
c. Jennifer hoped to marry Dave.

これらの文ではいずれの場合も不定詞 marry の主語は Jennifer と解釈される。しかし、前節で検討した for-to 不定詞と異なり、ここでは to-不定詞の主語が表れていない。前節での議論をもとに考えると、たとえば (19a) の文の構造は (20) のようなものであると考えられる。

(20) [$_{IP}$ Jennifer [$_{I'}$ [past] [$_{VP}$ wanted [$_{IP}$[$_{I'}$ to [$_{VP}$ marry Dave]]]]]]

wanted は [$_{DP}$ Jennifer] に経験者の θ-役割を付与する。動詞 marry は主語の DP に動作主の θ-役割を付与するが、(20) では補文の IP の指定部が空で他にこの θ-役割を受けるものがないので、このままでは θ-基準に違反してしまう。伝統文法では、このような不定詞の場合、意味上の主語 (notional subject、あるいは understood subject) があると考えられているが、生成文法の枠組みではこれを音形のない (音韻的な素性のない、発音されない) 代名詞として捉え、PRO と呼んでいる。PRO を仮定すると、(19) の文はそれぞれ (21) に示す構造をもつと考えられる。

(21) a. [$_{IP}$ Jennifer [$_{I'}$ [past] [$_{VP}$ wanted [$_{IP}$ PRO[$_{I'}$ to [$_{VP}$ marry Dave]]]]]]
b. [$_{IP}$ Jennifer [$_{I'}$ [past] [$_{VP}$ expected [$_{IP}$ PRO[$_{I'}$ to [$_{VP}$ marry Dave]]]]]]
c. [$_{IP}$ Jennifer [$_{I'}$ [past] [$_{VP}$ hoped [$_{IP}$ PRO[$_{I'}$ to [$_{VP}$ marry Dave]]]]]]

それぞれの文で PRO が marry から動作主の θ-役割を付与され、先の問題は解決する。

PRO は代名詞であるから、解釈のために先行詞を必要とする。(21)の例文ではいずれも PRO は Jennifer を指すと解釈されるので、これらの PRO は [$_{DP}$ Jennifer] にコントロール (control) されているという。また、[$_{DP}$ Jennifer] をこれらの PRO の先行詞あるいはコントローラー (controller) という。

不定詞の主語として PRO があることを示す根拠の1つとして、再帰代名詞 (reflexive pronoun) などの照応関係をあげることができる。次の例が示すように、再帰代名詞や相互代名詞 (reciprocal pronoun) の each other は同じ節の中に先行詞を必要とする。

(22) a. I prefer [for Heather$_i$ to take care of herself$_i$].
b.* I$_i$ prefer [for Heather to take care of myself$_i$].
c. The best thing would be [for us$_i$ to enjoy each other$_i$].
d.* We$_i$ are anxious [for Helen to enjoy each other$_i$].

次の (23a) と (23b) の補文中に再帰代名詞や相互代名詞が可能であるということは、補文中にそれらの先行詞があることを示している。そこで補文の主語として (23a′)(23b′) にあるように音形のない代名詞を仮定すると、代名詞の構造上の要件が満たされ、さらに主節の主語を再帰代名詞、相互代名詞の先行詞である PRO のコントローラーとして考えると、妥当な解釈が得られる。

(23) a. He tried to hurt himself.
a′. He tried [PRO$_i$ to hurt himself$_i$].
b. They expect to see each other.
b′. They expect [PRO$_i$ to see each other$_i$].

したがって、これらの例からも音形のない代名詞が不定詞の主語としてあるという考えが妥当だといえよう。

2.2 先行詞のない PRO

これまでにみてきた PRO はすべて上位の節に先行詞があった。それに対して、次にみるように同一文中に先行詞はないが PRO があると考えざるをえない場合もある。

> (24) It is difficult, but is still important to collect oneself after a shock.

この文でも θ-基準により、また再帰代名詞 oneself の先行詞として、不定詞の主語として PRO が必要となる。しかし、この PRO には先行詞がないことになる。このように先行詞のない PRO を含む例をさらにいくつかあげよう。

> (25) a. [PRO To lie in court] is perjury.
> b. It is impossible [PRO to be happy all the time].
> c. [PRO To err] is human; [PRO to forgive] is divine.

(24) と (25) の文の PRO はすべて特定の個人やものを指示しておらず、総称的、恣意的な解釈をうける。たとえば、(25a) は For anyone to lie in court is perjury. と言い換えることができる。PRO のこの性質は、音形のある代名詞のなかで they や one が They say that dogs are men's best friends、One is never too old to go back to school. のように特定の対象を指示しないのと似ている。このように先行詞がなく、任意の解釈を受ける PRO を「任意の PRO」、あるいは「恣意的な PRO」(arbitrary PRO) と呼び、先行詞によって指示対象がコントロールされる、「コントロール PRO」と対比される。

2.3 PRO の分布

ここまでは不定詞の主語としての PRO をみてきたが、PRO は次の例のような -ing 分詞構文の主語の位置にもあると考えられる。

(26) a. Sean postponed [PRO making a decision].
　　 b. [PRO Going to the movies] used to be a great pleasure.

PROを-ing分詞構文の主語の位置に仮定することの根拠は、to-不定詞の場合と同様にθ-基準や再帰代名詞と先行詞の関係などに求めることができる。

(27) a. You can never stop [PRO loving yourself].
　　 b. They enjoyed [PRO talking to each other].

PROは発音されないからといってどこにでも現れることができるわけではない。次の例文では、PROは時制文には現れず、非時制文でも主語以外の位置には決して現れないことを示している。

(28) a. *They$_i$ thought that [PRO$_i$ would like that].
　　 b. *PRO is raining.
　　 c. *It would be desirable [for you$_i$ to like PRO$_i$].

照応関係を表すために指標をつけたが、照応関係がどうであるかに係わらず、上記の文はすべて非文である。したがって、PROが可能な位置はto-不定詞と-ing分詞構文の主語の位置で、つまり、非時制節の主語の位置ということになる。

　第1章で簡単にふれたように、時制節の主語は主格を持っていなければならない。これに対して、*Jennifer tried she to impress her friends.が非文であることから、PROが可能な非時制文の主語の位置に主格のDPがくることは認められない。時制節と非時制節の違いがINFLの素性の違いであるとするこれまでの議論から、主格のDPとPROはそれぞれ異なるINFLの素性によって主語の位置におこることが許されると考えられる。非時制節のINFLだけがPROを照合できると考えれば、PROが非時制文の主語以外の位置に現われ得ないことが説明される。くわしくは次節で検討する。

3. 主語の表れる to-不定詞

　これまでに検討した不定詞の主語は、音形のない PRO か、for のあとにあらわれる目的格の DP であった。I am anxious for him to come early. のような文では、不定詞の主語の目的格は for との関係において照合されると考えることができる。しかし、for がないにもかかわらず、目的格の主語があらわれる次の例のような不定詞構文もある。

　　(29)　a. We believe him to be a born liar.
　　　　　b. I consider her to be incompetent.

　(29a) と (29b) で be a born liar と be incompetent の主語とそれぞれ解釈される him と her は、for がなくても目的格になっている。それぞれの文で目的格の素性をもっている可能性のあるのは、主節の他動詞の believe と consider だけなので、him と her の目的格は主節の動詞によると考えられる。それでは、(29) の文の構造は (30) のようなものと見なせるだろうか。

　　(30)　a. We believe him [PRO to be a born liar].
　　　　　b. I consider her [PRO to be incompetent].

(30) によると、動詞 believe、consider がそれぞれ DP と不定詞節の 2 つの内項をもっていることになる。しかし、これらの動詞はある命題 (proposition) を内項とし、We believe [that he is a born liar]. などの文からもわかるように、意味的に主語のほかにはその命題の項を一つしかもたないので、(30) の構造では θ-基準に違反してしまう。したがって、(29) の文の構造は、(31) に示すような him、her をそれぞれの不定詞の主語とするものとなる。

　　(31)　a. We believe [him to be a born liar].
　　　　　b. I consider [her to be incompetent].

(31)の構造によると、him と her は不定詞の主語でありながら、主節の動詞によって格の照合をされていることになる。このことは、次の例が示すように、主語が目的格の不定詞節は格を照合できる他動詞の補文として以外は不可能であることによっても示される。

(32) a.*Jane is anxious [him to know the truth].
 b.*It is necessary [her to see a dentist].
 c.*[Them to be guilty] is unthinkable.

また、次に示すように、主節の他動詞が目的格の素性をもたない受動態の過去分詞になると（詳しくは第6章参照）、主語が目的格の不定詞節は不可能になる。このことからも、これらの不定詞節では主節の他動詞によって主語の格が照合されるという考えが支持される。

(33) a. The story is believed (by everyone).
 b.*It is believed the story.
 c. They believe [him to be innocent].
 d.*It was believed [him to be innocent].

したがって、I believe your story. という文において動詞 believe が [$_{DP}$ your story] の格を照合するのとおなじように、(33)のような不定詞の主語の格も believe によって照合されることになる。格素性の照合については第6章で詳しく議論する。

このように、主節の動詞の項は不定詞節全体で、不定詞節の主語自体ではないにもかかわらず、主節の動詞によって不定詞節の主語の格が照合される現象は、例外的格標示または ECM (exceptional case-marking) と呼ばれ、また、ECMが可能な動詞は ECM 動詞、その補文は ECM 補文と呼ばれる。

ECM 補文と主語が PRO の不定詞は、上記の(33)と次の(34)の例が示すように、受動文の可能性において対照的である。

(34) a. The chairman decided [PRO to adjourn the meeting].
b. It was decided [PRO to adjourn the meeting].

PRO が主節の動詞によって格照合されないのは (34b) が可能であることからも明らかである。前節でもふれたとおり、PRO は非時制節の主語の位置にのみ許されるので、非時制文の INFL によってその素性が照合されると考えられる。PRO のもつ素性を Chomsky and Lasnik (1993) にしたがってゼロ格 (null Case) と呼ぶことにする。ここで問題になるのは、非時制節の INFL にゼロ格を照合する素性があるのは、主語が PRO の時だけであることだ。もし ECM 補文の INFL にもこの素性があるとすると、(35) に見られるような、DP 移動はありえないことになる。

(35) He_i was believed [t_i to be innocent].

(35) では主節の動詞が格を照合できない過去分詞で、ECM 補文の主語 he は t_i で示された元の位置では格照合されない。he は格照合が可能な主節の主語の位置に移動して、主節の INFL によって主格を照合される。しかし、たとえ主節の動詞が ECM 補文の主語の格を照合できなくとも、もし補文の INFL にゼロ格を照合する素性があれば DP の移動は、格を照合できる位置 (Case-checking position) から格を照合できる別の位置への移動ということになり、経済性の原理 (Economy Principle) に違反してしまう。(35) の文が文法的であるということは、補文の INFL には格照合の素性がないことになる。したがって、非時制節の INFL にはゼロ格を照合する素性があるものと、ないものの二種類があり、PRO が主語の非時制節、ECM 補文ではそれぞれ異なる種類の INFL をもつことになる。

PRO が主語の非時制節と ECM 補文では INFL の種類が異なると考えるのは、ゼロ格に関すること以外にも根拠がある。Stowell (1982) は PRO が主語の不定詞節と ECM 補文では、主節が表す「時」との関

係がそれぞれ異なっていることを指摘している。たとえば、(36a) で PRO を含む補文が表す行為は、主節の動詞が表す行為に対して時間的に後（未来）になると解釈される。それに対して、ECM 補文を含む (36b) では主節と補文が表す状況は時間的に一致すると解釈される。

(36) a. Eugene tried [PRO to win the contest].
b. Eugene believes [Mary to be the prettiest girl at school].

このことから、Stowell は PRO が主語の不定詞節の INFL には主節のテンスとは別のテンスがあると考えている。さらに、Martin (1992) では、Stowell のテンスと PRO の生起に相関関係があるという考えに基づき、非時制文の INFL は [-finite, +tense]（非時制節だが独自のテンスを持つ）と [-finite, -tense]（非時制節でそれ自体のテンスがない）の2つに分けられ、[-finite, +tense] の INFL のみが PRO のゼロ格を照合することができると主張している。これらの考えが正しいとすると、INFL を構成する素性はこれまで考えていた 1.2 の (13) で示したものよりも複雑なものとなり、次の (37) のように示される。

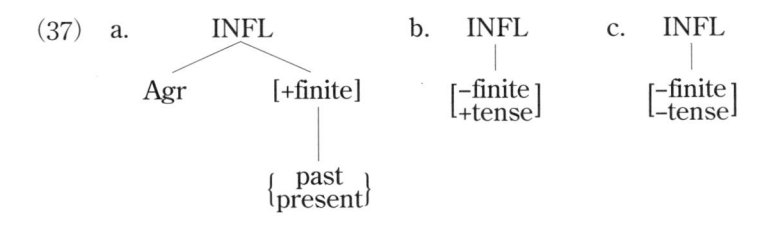

(37) a. INFL
    / \
  Agr [+finite]
      |
     {past, present}

b. INFL
 |
[-finite, +tense]

c. INFL
 |
[-finite, -tense]

非時制節の [± tense] とゼロ格の照合の相関関係には、しかしながら問題点もあることを最後に指摘しておく。次の例のように、同じ動詞が PRO のある不定詞、ECM 補文のいずれをも補文にとれる場合がある。

(38) a. Eugene expects [PRO to win the contest].
　　　b. Eugene expects [his son to win the contest].

(38a)と(38b)で補文のテンスがそれぞれ異なると考えることが可能なのかという疑問があるが、これは今後の検討課題としてここでは指摘するにとどめる。

4. 小節（Small Clause）

ここでは、小節（small clause）と呼ばれる構造について検討する。小節とは次の例文(39c)のconsiderの補部のような構造を指すが、伝統文法では「動詞が省略された節（verbless clause）」として記述されることもある。次の3つの文は意味に大きな違いはないと考えられるが、主節動詞のconsiderの内項は(39a)では時制節、(39b)では非時制節、(39c)ではtoも動詞もない構造となって表れている。

(39) a. I consider [$_{CP}$ that [$_{IP}$ his behavior is unethical]].
　　　b. I consider [$_{IP}$ his behavior to be unethical].
　　　c. I consider [his behavior unethical].

(39c)の小節はHis behavior is unethical.と同じような意味を表していることから、his behaviorは述語unethicalの主語と考えられる。そして、I consider [her innocent].などという文からもわかるように、小節の主語は目的格になる。目的格の照合は、ほかに目的格を照合するものがないので、(39b)のECM補文の主語と同様に主節の動詞considerによると考えざるを得ない。このように小節は時制節や非時制節のIPと類似点もあるが、以下に述べるようにこれら他の2つの補文とは異なり、IPであるとは考えにくい。

すでに見たように、虚辞のthereはIPの指定部にしかあらわれないと考えられているが、次に示すように、小節にthereがあらわれる

ことはできない。

(40) a. I believe [IP there to be some solutions to the problem].
b.*I believe [there some solutions to the problem].

IPではないとすると、小節は一体どのような範疇なのであろうか。Stowell (1983) では、小節の述部の範疇が上位の動詞に選択されていることを次のような例で示している。

(41) a. I expect [that man [PP off my ship]].
b.*I expect [that man [AP very stupid].
c. Alexandra proved [the theory [AP false].
d.*I proved [the weapon [PP in his possession].

(41)の例は、expect は小節の述部として PP は許容するが AP は認めず、prove は逆に AP は認めるが、PP は認めないことを示している。下位範疇の指定は補部に対してされるので、この場合のように動詞がその補部のさらに内部の範疇を指定するということは考えにくい。したがって、Stowell は小節はその中の述語の主要部の最大投射 (XP) と考えている。たとえば、(41a) で小節の主語 that man は [PP off my ship] に付加 (adjoin) されており、[PP that man [PP off my ship]] の構造をもつと考えている。同様に、(41c) の小節は [AP the theory [AP false]] の構造になると考えられる。

練習問題

1. 角括弧でくくられた時制節を、可能な場合のみ、例にならって意味的にほぼ対応する非時制節に書き換えなさい。

（例） I prefer [that Joe should leave early]. → I prefer for Joe to leave early.

  a. I must admit [that I felt a little nervous].
  b. [Meagan has been looking for a job for three months].
  c. [When he was leaving the room], he tripped over the mat.
  d. There are so many good books [that we should read].
  e. We didn't know [whether we should invite the Jones to the party].
  f. Do you mind [if I close the window]?

2. 次の3対の文について、それぞれaとbの文で意味に違いがあるか検討し、説明しなさい。

  (1) a. I remembered to fill out the form.
      b. I remembered filling out the from.
  (2) a. I won't forget to go to the post office.
      b. I won't forget going to the post office.
  (3) a. I regret to tell you that your car was impounded.
      b. I regret telling you that your car was impounded.

3. 次のそれぞれの文がなぜ非文法的なのか説明しなさい。

  a.* Jane tried herself to repair her car.
  b.* I consider [PRO very stupid].
  c.* Sonia suggested for us to have lunch together.

4. 次のそれぞれの文の樹形図を描きなさい。

   a. I would like to meet your sister.
   b. She decided to try to speak slowly.
   c. He believes Ann to be the prettiest girl.
   d. The committee named the professor an honorary member.

5. 次の文が小節 (small clause) の主語の格照合に関して示していると考えられることを説明しなさい。

   a. The man is considered guilty of the crime.
   b.*It is considered the man guilty of the crime.

6. to badly go のように to-不定詞の to と動詞の間にほかの語をはさんだものは split infinitive 呼ばれ、規範文法では悪文とされるが、split infinitive が二義性を解く役割を果たすことも実際にある。次の2つの文を比べ、意味の違いを説明しなさい。

   This theory has failed fully to explain the facts.
   This theory has failed to fully explain the facts.

第6章　DP 移動

▶ Introduction

　　　Traditionally, a passive sentence (e.g. *He was seen by her*) was formed from its corresponding active sentence (e.g. *She saw him*). Two processes are needed to turn an active sentence into a passive one. First, we must raise the object to the subject position, and lower the subject to the object position, placing it immediately after the inserted preposition *by*. Second, we must insert the inflected form of the verb *be* (e.g. *was*) before the past participle of the verb.

　　　In our present approach, however, abstract structures of both active and passive sentences are different, although the event meaning of her seeing him is the same in both cases. We assume that the subject of a passive sentence is moved out of its original place immediately after the past participle of the verb. In this chapter, then, we will examine how a passive sentence is formed from its abstract structure. We will introduce the notion of **DP movement**, and explain what moves to where, and why. After a DP is moved, we assume that it leaves a trace behind (i.e. in its original place). A theory that explains this phenomenon is called the **Trace Theory**.

　　　The same kind of movement is observed, for example, in the sentence *He seems to understand her* . In this case, the subject originates in the place immediately before *to*, as the subject of the infinitival clause, and is moved from there to the empty subject position of the main clause. This DP movement is called **subject raising**. We will argue, however, that the principle that applies to a passive sentence also applies to this structure.

　　We will present several reasons in support of the claim that the same principle is at work in both cases. The key notion with respect to this DP movement is **Case** (i.e. abstract case).

---

1. 受動文

　まず始めに、受動文 (passive sentence) について検討しよう。伝統文法では受動文はそれに対応する能動文 (active sentence) から作られるものと考えられた。たとえば、次の (1a) は (1b) の文から Voice (態) の転換と呼ばれる一連の文法操作によって作られる。

　　（1）　a. He was seen by her.
　　　　　b. She saw him.

つまり、能動文 (1b) の目的語を主語に改め、次に能動文の主語を目的語として by の次に置き、代名詞がある場合は格 (Case) の変化に、また新しい主語の人称や数の一致などに注意する必要がある。動詞は過去分詞に直し、その直前に能動文の時制に合う be 動詞を挿入する。

　受動文になれる動詞は、基本的には、(2a) のように他動詞あるいは (2b) の decide on のように動詞 + 前置詞の句動詞 (phrasal verb) が他動詞として機能するものに限られる。

　　（2）　a. John was hit by Mary.
　　　　　b. The boat was decided on.（ボートに決定した）
　　　　　c.＊The boat was decided on.（ボートの上で決まった）

(2c) は (2b) とは異なり、on が前置詞句 on the boat の主要部であって、

句動詞の一部ではない。ただし例外的に、「自動詞＋前置詞」が他動詞として機能していなくても次に示す例のように受動文が可能な場合もある。

（3） The bed has been slept in.（そのベッドに寝た形跡がある）

もう一つの例外は、ある種の他動詞 have, resemble, weigh, cost などは受動文が不可能である。

（4） a. *Three brothers were had by Mary.
　　　b. *John's father was resembled by Tom.
　　　c. *A pound is weighed by the book.
　　　d. *Ten dollars were cost by the wine.

また、二重目的語（double object）の構文には、二種類の能動文があるが、受動文の場合は次に示すように前置詞の目的語あるいは動詞の直後にない目的語は受動文の主語にはできない。

（5） a. John gave the book to Mary.
　　　b. John gave Mary the book.
　　　c. The book was given to Mary.
　　　d. *Mary was given the book to.
　　　e. Mary was given the book.
　　　f. *The book was given Mary.

ここで注意すべきことは、二重目的語の構文は動詞によってその直後の間接目的語が主語の位置にくる受動文の容認可能性に差があることである（?はやや文法性が低い表現を示す。）。

（6） a. He was sent a message.（cf. They sent him a message.）
　　　b. ?She was bought the hat.（cf. They bought her the hat.）

c.* He was written a letter. （cf. They wrote him a letter.）
d.* I was caused a great pain. （cf. They caused me a great pain.）
e.* I was done great harm. （cf. They did me great harm.）

2. 受動変形について

　前述したように、受動文は伝統的に能動文との対比で考えられ、とくに学校文法では能動文から受動文を派生させてきた。初期の生成文法（変形文法とも呼ばれた）では以下のような変形規則で受動文を派生させた。

（7）　NP_1, Aux, Vt, NP_2 → NP_2, Aux + be + en, Vt, by + NP_1
（→印は左側の構造が右側の構造に変化することを示す。また、Aux は時制あるいは助動詞を表わし、Vt は他動詞を表わし、en は右隣りの Vt に付加され Vt + en、つまり他動詞の過去分詞となる。）

今日では、受動文は能動文から派生させるものとは考えない。次の受動文（8a）は（8b）の樹形図が示すように、主語の位置が始めは空（empty）で、過去分詞の補部の位置にある主格素性 [+nom] を持った DP がその空の主語の位置に繰り上がることによって派生される。

（8）　a. He was seen by her.
　　　b.
```
              IP
           /      \
         NP        I'
          |      /    \
          e    I        VP
               |       /    \
          was[+nom]   V'      PP
                    /   \    /  \
                   V    DP  P   DP
                   |     |  |    |
                 seen he[+nom] by her
```

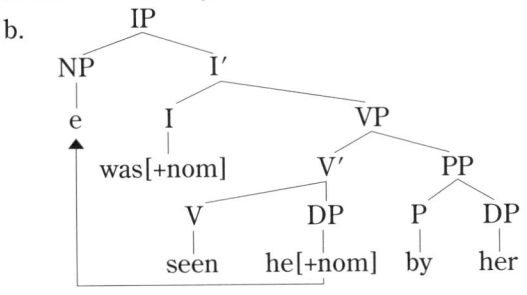

受動文を能動文から派生しないで能動文と異なる抽象的な構造を想定するのは次の二つの理由による。第一の理由は、(9)のように能動文に対応する受動文が無かったり、またその逆であったりするためである。

(9) a. He resembles his father.
b.* His father is resembled by him.
c.* They say the disease to have been spreading.
d. The disease is said to have been spreading.

第二の理由は、能動文の主語の DP を VP 内の PP (= by DP) の中に移動することは、繰り下げ (lowering) になり、移動先が元の位置を構成素統御 (c-command) できないので両者を構造の上で関係づけられず、したがって統語論では認められないためである（詳しくは第 10 章で説明）。

3. DP 移動の根拠

受動文を生成するために DP 移動を必要とする根拠を検討しよう。英語には pay heed to（〜に注意する）、take advantage of（〜を利用する、につけこむ）などのイディオム（慣用句）があり、heed や advantage のように特定の動詞の直後にしかこれない、つまりイディオムの一部として現われる DP がある。しかし、次の (10) の受動文では、この種の DP が特定の動詞の直後にあるのではなく文頭にあり、このままではこれらの文の説明がつかない。ところが、DP 移動を仮定すれば (10) の例はイディオム内の DP が (11) に示したように、動詞の直後の位置から空の主語の位置 ($[_{DP}\ e]$) に移動したものと簡単に説明できる。

(10) a. Little heed was paid to her proposal.
　　 b. Little advantage was taken of the situation.

(11) a. [$_{DP}$ e] was paid [$_{DP}$ little heed] to her proposal.
　　 b. [$_{DP}$ e] was taken [$_{DP}$ little advantage] of the situation.
　　　 (→は移動の方向を示す。)

　もう一つの根拠を見てみよう。動詞と目的語の間には、動詞がどのような目的語を選ぶかに関してある種の選択制限がある。そして、次の例が示すように能動文と受動文の双方にその選択制限が見られる。

(12) a. John cooked a new dish (! a new theory).
　　 b. Many new dishes (! Many new theories) were cooked at the party.
　　　 (！は意味的におかしな表現を示す。)

受動文の主語が能動文の目的語と同じ選択制限を示すという一見偶然の一致に見える事実を、(13)のような構造と先に示したDP移動を仮定することによりうまく説明できる。

(13) [$_{DP}$ e] were cooked [$_{DP}$ many new dishes (! many new theories)] at the party.

4. 文の派生と素性の照合

　私たちが理解する文では、語に文法的機能を示す語形変化が表れたり、あるいは、動詞の目的語と解釈される語句の位置が変わり目的語の位置に表れない、といった現象が見られる。本書の後半では、ある音声表現がそれに対応する意味形式とどのような仕組みで結び付けら

れるのか、それを可能にする体系として提案されたミニマリスト・プログラムを Chomsky (1991, 1993, 1994, 1995) に基づいて考察することを試みている。

　第1章で説明したように、ミニマリスト・プログラムでは言語は辞書 (Lexicon) と、辞書項目から言語表現 (linguistic expression) を派生するコンピュテーションの装置 (CS) からなると考え、さらに、言語を行為の体系 (performance system) の中に位置づけている。この行為体系は発話やその知覚に関するものと、概念や意図などに関するものの2つに分けられるとすると、言語表現はこれらのそれぞれに対する指令を含むものと考えることができる。言語が行為体系の2つの部門と接するレベル (interface levels) はそれぞれ音声形式 (PF) と論理形式 (LF) と呼ばれる。CS が PF と LF の2つの接点に向かって派生 (derivation) が分かれる分岐点が第1章で述べたスペルアウト (Spell-Out) である。スペルアウト以降 LF に至るまでにおこる文法操作は PF 部門への入力とはなり得ない、つまり音声解釈の対象とはならない。

　CS は辞書項目から音と意味の表示の対である言語表現 (π, λ) を派生する。π と λ がすべての形態上の要求を満たし、π は PF、λ は LF のそれぞれのレベルで解釈不可能な要素を含まないという完全解釈 (Full Interpretation、FI) の条件を満たすとき、派生はそれぞれのレベルで収束 (converge) する。そうでない場合、派生は破綻する (crash) と言う。たとえば、スペルアウト以降に音形のある語彙項目を新たに派生に取り入れた場合、λ は LF では解釈不可能な音に関する素性を含むことになり、この派生は破綻する。

　しかし、接触面における条件 FI を満たすものがすべて可能な派生とはならない。CS の操作は経済性の原理 (Economy Principle) を満たす最も"シンプル"なものでなくてはならないという条件もある。したがって、ミニマリスト・プログラムにおいては、最も経済的な派生が最善とされるので、経済性の比較に関して、同じ一組の語彙項目を

用いる派生、つまり、同じ材料を使った派生のみを競合する派生と考える。結合 (merge) の操作は経済性の原理の対象外で (もしそうでなければ、何もしないことが最も経済的ということになり、どのような統語構造も形成されないことになってしまう) 自由に適用される。しかし、これ以外の移動 (movement) や削除 (deletion) といった文法操作はすべて経済性の原理の対象となる。以下に経済性の原理を示す3つの主な原則について簡単に説明する。

A. 最短距離移動 (Shortest Movement)：ある構成素が移動する際、移動先として可能なもののうちまず最初の位置 (元の位置に一番近い位置) に移動しなければならない。

B. 最終手段 (Last Resort)：ある操作が適用しなくても派生が収束する場合、その操作は適用できない。

C. 遅延 (Procrastinate)：文法操作の適用を PF に影響しない LF までできるだけ遅らせる。(ただし、この原則に違反しなければ派生が収束しない場合には違反してもかまわない。)

　ミニマリスト・プログラムで根幹をなす考えの1つは、すべての移動は形態的素性 (morphological feature) の照合を目的とするというものである。ここでは、これについて先に取りあげた接触面における条件、「完全解釈」と合わせて考えてみる。

　私たちは、伝統文法の記述などからもたとえば英語では、疑問文において主語と動詞の位置が入れ替わるとか、*wh*-句が文頭にくるとか、受動態の文では動詞の目的語が主語の位置にくるということを知っている。ミニマリスト・プログラムではこのような構成素の移動はすべて形態的素性の要求を満たすためであると考え、それ以外の移動は最終手段 (Last Resort) に違反するとされる。形態的素性の要求とは、ある素性がそれに対応する素性と照合される (checked) ことである。たとえば、名詞は CS に入ってくる段階ですでに主格、目的格などの格素

性をもっており、INFL (= I) や他動詞がこれらの格を照合する素性をもつと考える。しかし、これらの素性はPF、LFの接触面のレベルでは解釈されず不要なものであり、PFやLFがこれらの素性を含んでいることを無視できないとすると、解釈不可能な要素を含んでいることになり派生が破綻してしまう。したがって、これらの素性は接触面のレベルに至る前に照合され、削除されなければならないことになる。

5. 名詞句または DP の格照合

以下の表から分かるように、NPまたはDPの格（Case）はそれぞれの格にたいする格照合者（Case-checker）を必要とする。

(14)

位置	格	格照合者
時制節の主語 (subject of a tensed clause)	主格 (nominative)	時制付き屈折 (I [+tense])
動詞の目的語 (object of a verb)	目的格 (objective)	動詞 (Verb)
前置詞の目的語 (object of a preposition)	目的格 (objective)	前置詞 (Preposition)
DPの主語 (subject of a DP)	属格 (genitive)	限定詞 (Determiner)

本章では、時制付き屈折（I [+tense]）と照合される主格（nominative case）および他動詞と照合される目的格（objective case）を扱う。本書の枠組みではVやNやDは語尾変化した形（inflected form）でCSに導入され、NやDは照合に必要な一致素性、格素性の指定を、Vは一致素性、格素性、時制素性の指定を、I [+tense] は主格素性、時制素性の指定をそれぞれ受けている。NやDの格素性はLFまでの間にIの主格素性や、VやPの目的格素性との照合を受けなければならない。格素性は意味解釈では不要なのでLFで削除されなければならず、照合されずに残ると完全解釈ができなくなり派生が破綻することにな

る。すなわち、移動は形態上の要求を満たす時にだけ起こり、その他の移動はあり得ないことになる。移動が移動する要素の形態上の要請により起こることを自己充足の原則 (principle of greed) という。

　主格と目的格の照合について、本書では詳しく議論はしないが、以下のように仮定する。(15a) に示されるように主格は、指定部-主要部で格の照合をスペルアウト (第1章参照) までに受け、目的格は (15b) や第5章でとりあげた ECM 構造の (15c) が示すように、一番近い格照合者 (minimally c-commanding Case-checker) に DP の格素性 [+obj] を LF で繰り上げ、格照合者に付加して照合する。

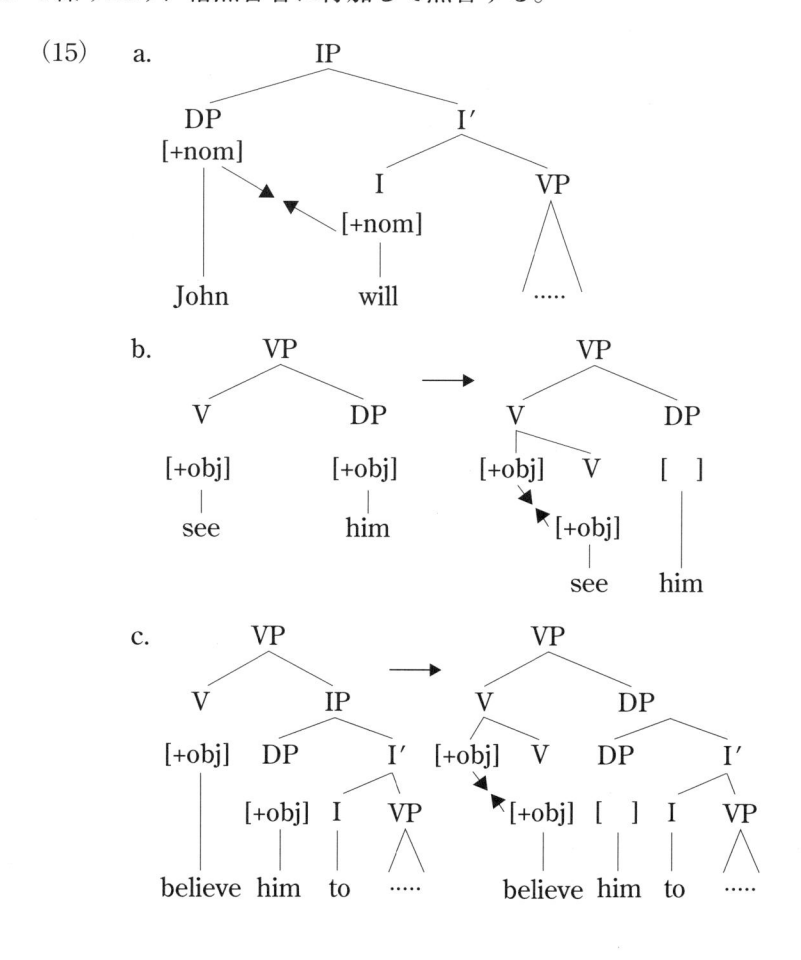

(15) a.

```
        IP
       /  \
     DP    I'
   [+nom]  / \
     |    I   VP
    ▲▼ [+nom]  |
   John   will  .....
```

b.

```
      VP              VP
     /  \            /  \
    V    DP    →    V    DP
  [+obj] [+obj]   [+obj] V  [ ]
    |     |         ▲▼ [+obj]
   see   him              |
                    see  him
```

c.

```
       VP                    VP
      /  \                  /  \
     V    IP          →    V    DP
   [+obj] / \            [+obj] / \
        DP   I'            V   DP  I'
      [+obj] / \         ▲▼[+obj][ ] / \
            I   VP                  I   VP
            |   /\                  |   /\
   believe him to  .....    believe him to .....
```

[+nom] は主格を表わし、向かい合う矢印は、照合が行われることを表わす。(15b) や (15c) に見られるように、ある要素をある節点 (V) に付加する場合に、すぐ上に同じ節点 (V) を作りその下に要素を付加するやりかたをチョムスキー付加 (Chomsky adjunction) という。

　受動文は、過去分詞の語尾-en が他動詞の目的格素性を吸収してしまうため、目的格を照合する力が動詞にはないものと考えられる。そのため、目的格ではなく主格を持つ DP が過去分詞の直後にくれば、この DP が時制節の主語の位置に移動して主格素性が照合され文法的な文が得られることになる。次の (16a) では、him の目的格素性が照合されず非文法的になり、(16b) では he の主格が照合されず非文法的になる例である。

　　　(16)　a.* It was seen him.
　　　　　　b.* It was seen he.

　過去分詞の語尾-en のもう一つの特徴は、主語の θ-役割を吸収することにより、動詞の過去分詞は主語の DP に θ-役割を与えることができないことである。もし受動動詞が主語の DP に θ-役割を与えるものと仮定するなら、たとえば、He was seen t by her. (t は he の元の位置を表わす) の文では、同じはずの He と t が二つの位置で二つの θ-役割を付与され θ-基準に違反することになり、この文法的な文が排除されるから具合が悪いのである。

　これまで見てきたように、受動文では目的語の DP が主語の位置に移動して主格が照合されるが、英語の格素性は PF で無視されうる「弱い」(weak) ものであると考える立場では、格照合は LF で DP の格素性のみが非明示的に移動することで事足りるので (15b-c 参照)、「遅延」の原則により、スペルアウト以前の明示的な DP 移動の根拠とはならない。英語の受動文で主語の位置に DP が明示的に移動するのは、EPP 素性と呼ばれる主語の位置の DP と照合する素性 (第 9 章を参照) が「強い」(strong) (つまり、PF で残っていると解釈不可能で、派生

の破綻をきたす）ためであると考えられる。

6. 痕跡理論

　特定の要素（ここでは DP）を移動した場合、その元の位置に空の節点を残す理論を痕跡理論（trace theory）と言う。通例、痕跡（trace）と呼ばれるその元の位置を t で表わし、どの要素がどこに移動したか明示するために、下付きの同一指標（co-index）——同じであることを示す——を付けて he$_i$ was seen t_i のように表示する。痕跡（t）は、音声を欠き、目に見えないが統語的には有意義な働きをするものと考えられている。そこで、DP 移動が痕跡を残す根拠を検討しよう。

　(17)　a. They left together.
　　　　b.* John left together.
　　　　c.* They said that John left together.

上記の例文から、副詞の together は同じ節の中の複数形の DP と関係づけられなければならないことを表わしている。したがって、次の例文（18a）と（18b）の文法性の違いも、それらに対応する（18c）と（18d）の構造を仮定すると説明が容易になることから、DP 移動が痕跡を残すと仮定するのは妥当であろう。

　(18)　a. They seem to have left together.
　　　　b.* John seems to have left together.
　　　　c. They$_i$ seem [$_{IP}$ t_i to have left together].
　　　　d.* John$_i$ seems [$_{IP}$ t_i to have left together].

つまり、(18c) では、together と同じ節の中にある痕跡が複数形の DP である They と同じ指標が与えられ、(18d) では痕跡が単数の名詞である John と同一指標が与えられているので、前者は文法的な文となり、後者は非文法的な文となる。この文法性の違いは DP 移動のない次の

例からも明白である。

(19) a. It seems that they left together.
b.*It seems that John left together.

DP 移動が痕跡を残すと思われるもう一つの根拠は、DP 移動によって派生された構造と再帰代名詞を含む構造との平行性に見られる。

(20) a. John$_i$ was killed t_i.
John$_i$ killed himself$_i$.
b. John$_i$ was expected t_i to win.
John$_i$ expected himself$_i$ to win.
c.*John$_i$ was expected that t_i would win.
*John$_i$ expected that himself$_i$ would win.

上記の例文で痕跡が文法的なところでは再帰代名詞も文法的であり、痕跡が非文法的なところでは再帰代名詞も非文法的であることが分かる。この平行性から、DP 痕跡を再帰代名詞と同じ範疇である照応形 (anaphor) に含め、移動された DP を先行詞とみなせば、再帰代名詞と先行詞の成立条件をそのまま DP 痕跡に適用でき、文法記述の高度な一般化が可能となる（詳しくは第 10 章参照）。

7. 主語繰り上げ

下の例文 (21a) の樹形図 (21b) において、従属節、すなわち埋め込まれた文 (embedded sentence) の主語を矢印のように主節 (main clause) の主語の位置に繰り上げることを「主語繰り上げ」(subject raising) という。

(21) a. This book seems to be the bestseller this week.
b.
```
              IP
            /    \
          DP      I'
                 /  \
                I    VP
            [+pres] / \
            [+nom] V   IP
                   |  /  \
                 seems DP  I'
                       |  /  \
                  this book I  VP
                     [+nom] |  / \
                            to V  DP
                               |   |
                              be  the bestseller...
```

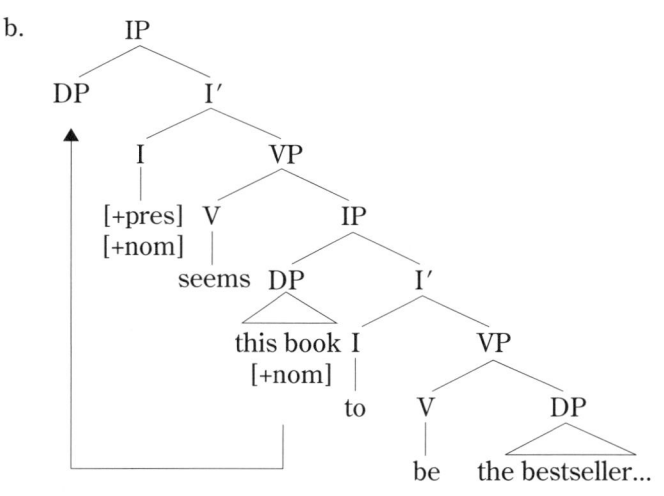

このような主語の繰り上げを行える述語 (動詞または形容詞) には、seem の他に次の例文が示すように appear, happen, likely, certain などがあるが、数が限られている。

(22) a. She appeared to have forgotten my name.
b. I happened to meet him.
c. He is likely to live to one-hundred.
d. He is certain to win the race.

注意すべきことは、(22c) と意味的に近い次の (23) の文が非文法的なことから主語の繰り上げを行える述語を意味的に捉えることはできない。

(23)　*John is probable to live to one-hundred.

さらに、(22) の述語の特徴は主語に θ-役割を付与できないことである。したがって、次の例のように主語としての θ-役割を持たない虚辞 (expletive) の it や there が θ-役割に違反しないので主語の位置にこれる。

(24)　a. It seems that this is Chomsky's best book.
　　　b. There seems to be someone knocking at the door.

では、主語繰り上げが存在する根拠について考察してみよう。まず、主語繰り上げを認めると、次の数量詞 (quantifier, Q) である all の位置に関する説明が簡潔になる。

(25)　a. *All* the men do seem to lose their mind.
　　　b. The men do seem *all* to lose their mind.

これらの例文はともに (26a) の句構造からそれぞれ数量詞句 (QP) である all the men の移動あるいは DP (=the men) の移動によって派生され、移動後の句構造はそれぞれ (26b) および (26c) となる。XP は QP か DP を表わす。

(26) a. [tree diagram: IP with XP, I' (I "do", VP with V "seem", IP with QP (Q "all", DP (D "the", N "men")), I' (I "to", VP "lose their mind"))]

b. [tree diagram: IP with QP "all the men_i", I' (I "do", VP with V "seem", IP with QP "t_i", I' (I "to", VP "lose their mind"))]

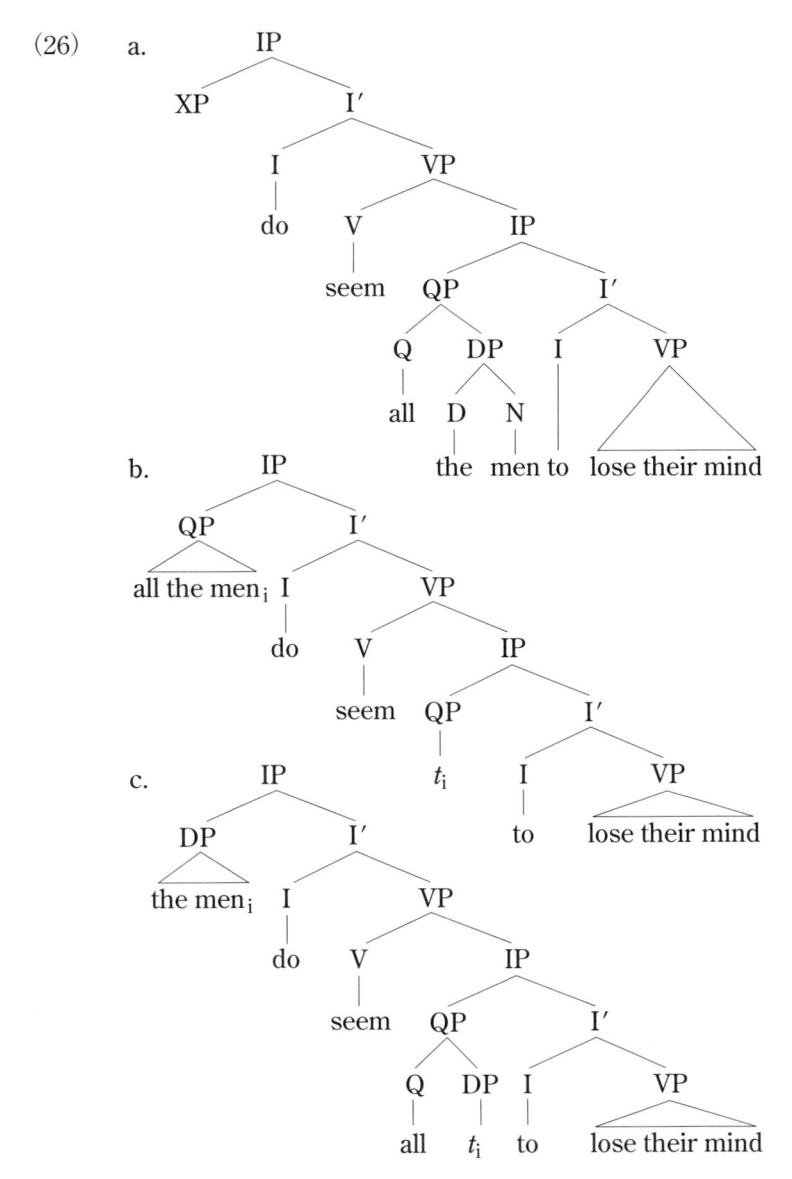

c. [tree diagram: IP with DP "the men_i", I' (I "do", VP with V "seem", IP with QP (Q "all", DP "t_i"), I' (I "to", VP "lose their mind"))]

(26c) の場合、数量詞 all は DP (=the men) の痕跡を修飾している。

　主語繰り上げの根拠としてはまた再帰代名詞とその先行詞の関係に

ついてあげることができる。再帰代名詞は、数、性、人称が同一であるDPが同じ節の中にある場合に、そのDPと同一指示的（指示するものが同じ、あるいはそのDPが再帰代名詞の先行詞）であると表示される。たとえば、前述した(20a)のJohn_i killed himself_i.の文ではJohnはhimselfと同一であり、himselfの先行詞になる。逆に、再帰代名詞と同じ節にないDPはその先行詞になれない。たとえば、*John seems to me_i [to have surprised myself_i].の文では[　　]の部分が従属節になり、meとmyselfが同じ節の中にないので非文法的である。これに対し、次の(27a)の文ではJohnがもともと従属節の主語の位置にあり、DP移動によって主節の主語の位置に移動し、痕跡を残したと仮定すれば、(27b)に示す移動後の句構造のように痕跡 t_i (=John)とhimselfが同じ節の中にあるので文法的であることが分かる。

(27) a. John seems to me to have perjured himself.
　　　b. John_i seems to me [t_i to have perjured himself_i].

最後に、The cat is out of the bag.（秘密が漏れた）、The jig is up.（万事休す）などの表現は、文全体で一つの慣用句をなしていて、その中のある単語を別の単語で置き換えると慣用句の意味が無くなってしまう。ところが、慣用句がseemsによって分断された(28)の例文では、慣用句としての解釈が可能である。

(28) a. The cat seems to be out of the bag.
　　　b. The jig seems to be up.

このことは、上記の例文のDPが主語の位置に繰り上げられたと仮定すれば容易に説明がつくのである。なぜなら、それぞれの例で移動後の句構造は以下のようになり、慣用句の読みを可能にする単語の配列が想定できるからである。

(29) a. The cat$_i$ seems [$_{IP}$ t_i to be out of the bag].
b. The jig$_i$ seems [$_{IP}$ t_i to be up].

以上、本章では受動文と seem などの繰り上げ構文から DP 移動が素性の照合という形態上の要求を満たすために行われることを検討した。また、繰り上げの際、元の位置に痕跡を残すことで数量詞の位置や再帰代名詞の分布あるいは慣用句の問題などに明解な記述を試みることができた。

練習問題

1. 次の能動文を受動文に直しなさい。

    a. A lot of people will visit him.
    b. You can and ought to do it.
    c. He was writing a letter in his room.
    d. They have warned me of the danger.

2. 英文法辞典や英文法書を調べて、一般的に能動文より受動文のほうが好まれる例文を二つ書きなさい。

3. 受動文があるのに、対応する能動文が無い例文を二つ書きなさい。

4. 次の例文がなぜ非文法的なのかを説明し、対応する文法的な文を書きなさい。

    a. *He is said got married last year.
      (= He$_i$ is said [t_i got married last year].)
    b. *It is said that he to have got married last year.

5. 次の文の派生を示しなさい。

    He is likely to leave.

6. 次の文の非文法性を説明しなさい。

    *John$_i$ seems that t_i is believed t_i by everybody.

第7章　主要部の移動

▶ Introduction

In question sentences like *Will he study English?*, *Does he like grapes?*, an auxiliary verb precedes the subject, resulting in the word order distinct from that of declarative sentences. The operation that places an auxiliary verb before the subject is traditionally called auxiliary inversion.

In our analysis this syntactic fact is interpreted as follows: the auxiliary that is in the head of IP (=I) moves to the head of CP (=C) resulting in the configuration in which the subject is preceded by the auxiliary. This kind of movement is known as **head-to-head movement** (or **head movement**). An important question we will address in this chapter is this: What triggers this type of movement? The Minimalist Program assumes that every movement operation is driven by a **morphological feature**, and the features that force overt movement are **strong features**, which need to be checked and deleted before Spell-Out. Thus, it is suggested that interrogative sentences have a strong feature Q in C, and this feature forces the auxiliary in I to overtly move to C to check it off.

Morphological features are also present in the head of declarative sentences. As we have already discussed in previous chapters, the head of IP contains verbal features for Tense, Case and subject-verb agreement. These features must be checked by the corresponding features of a verb. Then, our next question concerns whether the verbs in declarative sentences undergo overt V-to-I movement.

Cross-linguistic analyses of verb position suggest that verbs in English do not overtly move to I. For instance, compare an English sentence, *Mary often kisses John* and a corresponding sentence in French, *Marie embrasse souvent Jean* (which can be translated in English word-by-word: *Mary kisses often John*). Notice that in English the verb follows the adverb whereas in French the verb precedes the adverb. This difference between English and French can be accounted for in terms of the difference in the strength of the features of I. While the verbal features in French I are strong, forcing overt verb movement to I, the corresponding features in English I are weak and can be checked after Spell-Out in the LF component.

1．主語と動詞の倒置： I-to-C 移動

eat、enjoy、study などの一般動詞は VP の主要部となるのに対して、第4章でも見たように、will、shall、can、may、must などの英語の法助動詞は VP の中ではなく、IP の主要部 (=I) の要素であると考えられる。この考えの根拠として、これらの法助動詞は次の例が示すように、I の要素である一致素性と共起しないことや、to-不定詞、-ing 分詞構文などの非時制節に起こらないことがあげられる。

(1) a.* Mary may forgives Alice.
b.* Mary mays forgive Alice.
c.* Mary wants to can play the violin.
d.* Mary enjoys canning play the violin.

法助動詞は主節の疑問文において、伝統文法でいう倒置が起こり、法助動詞が主語の前に表れる。

(2) a. May I come in?　(cf. You may come in.)
　　 b. Shall we dance?　(cf. We shall dance.)

生成文法では、このような倒置構文も移動現象の1つとして捉えられる。法助動詞のように主要部の要素の移動を、DP など XP レベルの移動に対して、主要部移動 (head movement) と言うことがある。ミニマリスト・プログラムにおいては移動はすべて素性の照合を目的としたものであり、上記 (2) にあるような法助動詞の移動は音声的に実現される (明示的な) 移動であるから、この移動は「強い」素性を照合するために起こる移動と考えられる。疑問文におこるので、この素性を Q 素性とよぶこととし、C に Q 素性を仮定すると、I の要素が強い Q 素性を照合するために Spell-Out 以前に義務的に C に移動することになる。これを以下のような樹形図で表すことができる。

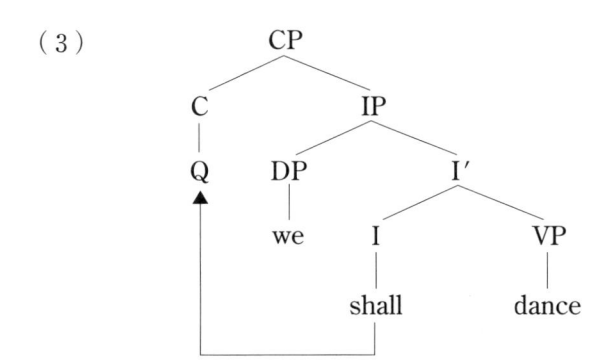

(3)
```
              CP
           /      \
          C        IP
          |      /    \
          Q    DP      I'
               |      /  \
               we    I    VP
                     |     |
                   shall  dance
```

法助動詞と同じように疑問文で主語と倒置を起こし、C へ主要部移動すると考えられるものに、完了の助動詞 have と be 動詞がある。

(4) a. Have they left yet?
　　 b. Is he considered to be a good teacher?

しかし、助動詞 have と be 動詞には、法助動詞のようにはじめから VP の外、I にある要素とは考えられない特徴もある。次の例が示すように、法助動詞とは対照的に、助動詞 have と be 動詞は主語との一致を形態的に示し、非時制節にも現れ得る。また、この2つが同一文中で続けて用いられることもある。

(5) a. She has/*have already found out the truth.
  b. John is/*be/*are known to be a gentleman.
  c. He seems to have read a lot of books.
  d. Mary has been wondering about John's remark.

さらに、助動詞 have と be は法助動詞に続く要素となり得る。

(6) a. She might have seen it.
  b. You must be tired.
  c. He could have been right.

以上のことから、法助動詞と異なり、助動詞 have と be 動詞は I の要素ではなく、それぞれ VP の主要部をなすと考えられる。この考えにしたがうと、たとえば (6c) の文は次に示すような構造をもつことになる。

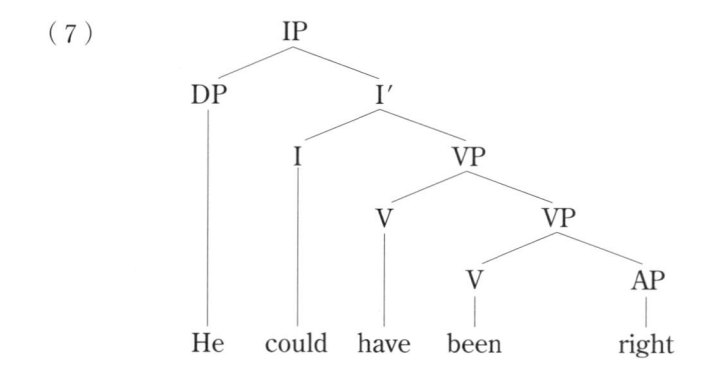

(7)
```
              IP
           /      \
         DP         I'
                  /    \
                 I      VP
                       /   \
                      V     VP
                           /   \
                          V     AP
         He    could    have   been   right
```

助動詞 have、be 動詞が VP の主要部であるとすると、上記 (4) のような疑問文における倒置では、have、be が直接 C に移動するので

はなく、(8) に示すように、まずテンス、一致素性の照合のためにIに移動し、さらにIからCに移動してCの強いQ素性を照合すると考えるべきである。

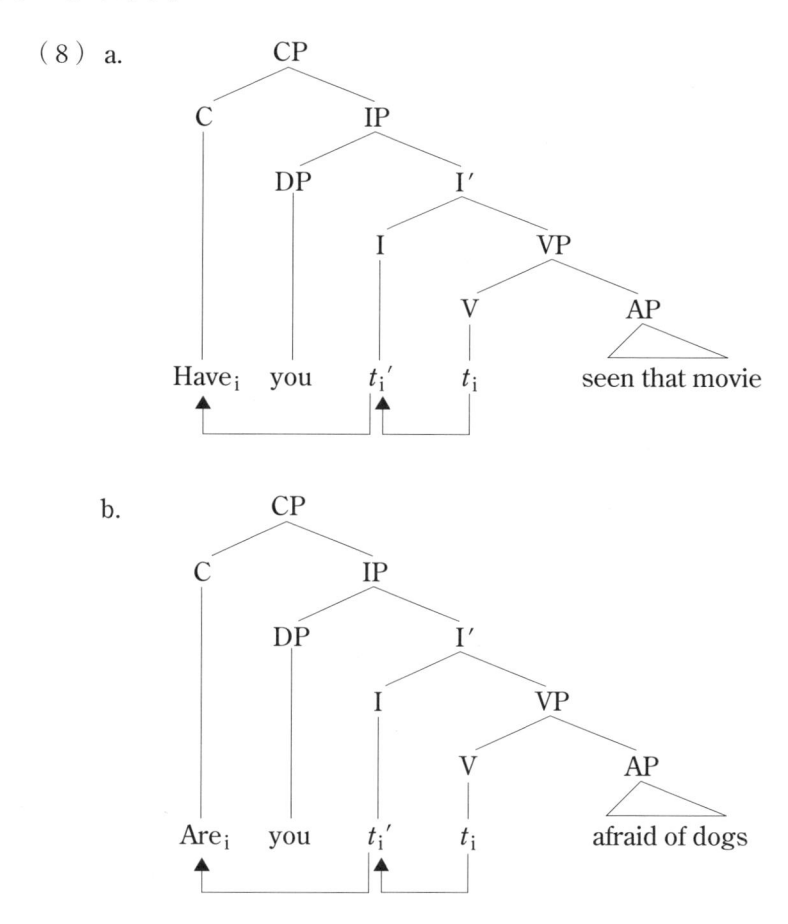

(8) a.

```
                    CP
                  /    \
                 C      IP
                 |    /    \
                 |   DP     I'
                 |   |    /    \
                 |   |   I      VP
                 |   |   |    /    \
                 |   |   V    AP
               Haveᵢ you tᵢ'  tᵢ  seen that movie
```

b.

```
                    CP
                  /    \
                 C      IP
                 |    /    \
                 |   DP     I'
                 |   |    /    \
                 |   |   I      VP
                 |   |   |    /    \
                 |   |   V    AP
               Areᵢ  you tᵢ'  tᵢ  afraid of dogs
```

次に Does she like you? のような一般動詞の疑問文について考えよう。このような疑問文で主語の前にあるのは助動詞 do なので、Cの強いQ素性を満たすのは do ということになる。先の例文では下に示すように、動詞の三人称・単数・現在の素性が、それ自体の意味がなく文法上の素性のみからなる助動詞 does としてIにあらわれ、それが

Cに移動する。

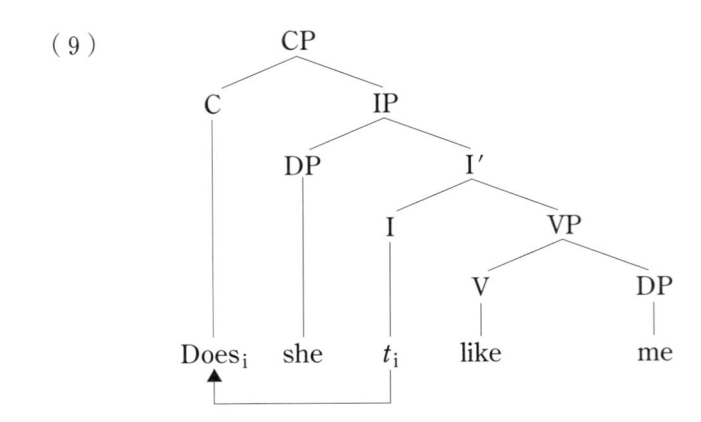

(9)
```
         CP
        /  \
       C    IP
           /  \
          DP   I'
              /  \
             I    VP
                 /  \
                V    DP
    Doesᵢ  she  tᵢ  like  me
```

2. 主要部移動の痕跡について

　第6章でDP移動が痕跡を残すことはすでに示したが、主要部移動についても、語（語の一部である文法素性だけではない）が移動した場合は、痕跡を残すものと考えられる。その理由は、痕跡を残すことにより(10)に示す助動詞の縮約 (contraction) に関する事実を説明できるからである。

　　　(10)　a. Will we have finished?
　　　　　　b.*Will we've finished?

縮約は We have finished it が We've finished it になるように we と have が隣接している場合に起こる。(10a) と (10b) の対比は、we と have の間に主要部 will の移動の痕跡があると仮定すると説明がつく。(10b) は [$_{CP}$ [$_C$ Willᵢ] [$_{IP}$ we [$_I$ t_i] [$_{VP}$ have finished]]] という構造であり、we と have が隣接していないことがわかる。したがって、(10b) には have の縮約が可能な環境がないので、縮約は不可能であると説明される。

3. 助動詞と否定語 not の位置

次の (11a-b) の例文から、否定語 not は (11c) の樹形図にあるように主要部 I の補部である VP のなかにあると考えることができる。

(11) a. You will not deny it.
b. You won't deny it.
c.

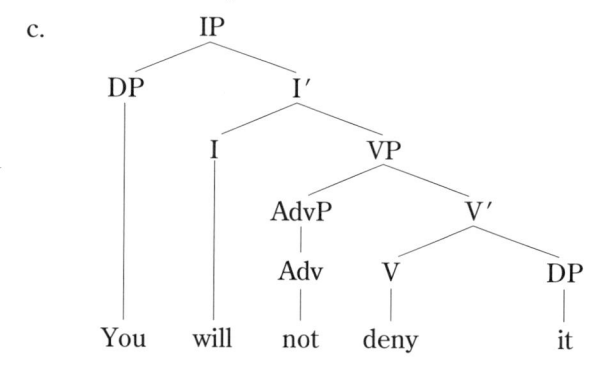

```
              IP
           /      \
         DP        I'
          |      /    \
                I      VP
                     /    \
                   AdvP    V'
                    |    /    \
                   Adv  V      DP
                    |   |       |
         You      will not deny it
```

縮約形 won't は will と not が (12) のように付加され、それが音韻部門で音縮約になると考えられる。

(12)
```
            I'
          /    \
         I      VP
       /   \    /\
      I    Adv ......
      |     |
     will  not
         ↓
       won't
```

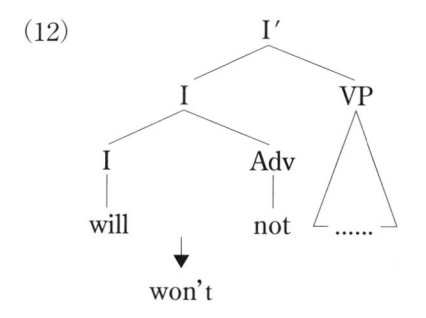

この縮約形 won't は一語として扱われ、否定疑問文では主語の前に移動する。他の助動詞も、否定語との縮約形は (13) の例文からわかるように同様の移動をする。

(13) a. Won't you come here?
   b. Can't you understand my explanation?
   c. Haven't they studied English?
   d. Isn't there enough time?
   e. Doesn't she come here so often?

注意すべき点は、否定疑問文で主語の前にこられるのは縮約形だけで、*Will not you come here?などのように助動詞と not が縮約をおこさないままで倒置されないことである。これは、not が主要部の一部となって縮約されないと C に移動できないと説明できる。

否定語に関しては、not と never の違いや、not を主要部とする否定語句 (Neg P) をもうける分析もあるが、これについては練習問題 6 を参照。

4. 指定部-主要部の一致

伝統的に主語と呼ばれる文法的機能を果たす句を指定部 (specifier, or spec) と言い、英語では動詞に先行する。たとえば、[$_{IP}$ John [$_{I'}$ [$_I$ is] [$_{VP}$ eating]]] では主語の John は IP の指定部である。第3章で見たように、指定部は文だけでなく、どの句にもある。指定部と主要部が形態的 (文法的) 素性 (人称、性、数、格、など) に関して一致することを指定部-主要部の一致と言う。ある主要部がもつ素性と指定部の素性が一致するとき、その素性は照合される (checked) といい、派生が文法的な文を生む (収束する、converge) ことの前提になっている。ミニマリスト・プログラムでは、動詞や名詞などの語彙項目は接辞のある主要部に移動することによって必要な形態的素性を得るのではなく、辞書から選ばれて派生に参加する段階ですでに形態的素性をもっていると考える。格 (Case) などの形態的素性は意味解釈には関係ないので、LF で格素性が残っていると派生は破綻する (つまり、文法的

な文を生成しない)。これは PF と LF は、それぞれのレベルで解釈可能な要素のみを含むという「完全解釈」(Full Interpretation) の原則によるもので、解釈不可能な素性は主要部-指定部の一致によって照合され、削除されなければならない。ミニマリスト・プログラムでは、照合という形態的素性の要求を満たし、「完全解釈」を可能にするために移動操作が起こると考えられる。

5. 素性の移動

英語では一般動詞は主節の疑問文でも主語と倒置せず、助動詞 do が代わりに I から C へ移動することをすでにみた。しかし、一般動詞が主語と倒置しないというのは言語一般に見られる現象ではなく、たとえば、フランス語、オランダ語では次のような文は文法的である。

(14) a. Quand viendra-t-il?　　フランス語
　　　　when come-future-he
　　　　'When will he come?'
　　b. Wanneer komt Marie?　　オランダ語
　　　　when comes Marie
　　　　'When does Mary come?'

ここでは英語とフランス語における動詞の移動を対照しながら、I の素性と動詞の移動について検討する。

まずフランス語の動詞の位置について見てみると、次の例文にあるように、動詞が VP を修飾する souvent ('often') のような副詞に先行する。

(15) a. Jean arrive souvent en retard.
　　　　Jean arrives often　 late
　　b.* Jean souvent arrive en retard.

VPを修飾する副詞はVPに付加され、(16)に示すような位置にあると考えられる。

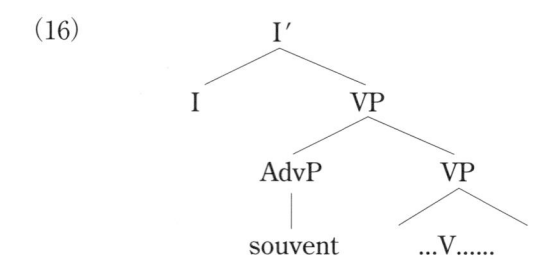

(16)
```
          I'
         / \
        I   VP
           /  \
         AdvP  VP
          |     \
        souvent ...V......
```

(15a)にあるような動詞が副詞に先行する語順は、動詞がVPから出てIに移動するためと考えられ、(15a)の構造は(17)のように表すことができる。

(17)　[$_{IP}$ Jean [$_I$ arrive$_i$] [$_{VP}$ souvent [$_{VP}$ t_i en retard]]].

この移動は、動詞がもつテンス、格、一致の形態的素性をそれに対応するIの素性と照合するために必要な移動である。さらに、この移動は音声的に実現する、つまり、語順を変える移動であるから、Iの素性はSpell-Outまでに照合されなければならない「強い」素性ということになる。

　これに対し、(15a)に対応する英語の文では(18)に示すように、動詞は副詞に後続しなければならない。

(18)　a.　John often arrives late.
　　　b.*John arrives often late.

このことから、フランス語とは対照的に、英語ではSpell-Outの前に動詞がIに移動することはないと言える。しかし、フランス語におけると同様、英語においても動詞の形態的素性は対応するIの素性と照合されなければならないので、この照合はSpell-Outの後、LF部門に

おける移動によってなされると考えられる。動詞素性が照合する英語のIの素性はSpell-Outの後まで照合されずに残っていられるので、「弱い」(weak) 素性ということになる。弱い素性はLF部門まで照合される必要がないので、英語ではもし (18b) にあるようにSpell-Out以前に動詞が移動してIの素性を照合すると、遅延の原則 (Procrastinate) に違反することになる。この考えにしたがうと、英語とフランス語における動詞と副詞の相対的位置の違いは、両言語の動詞素性が照合するIの素性の強さの違いに帰結する。

LF部門でおこる弱い素性の照合は、語順の変化として音声的に表れない。したがって、ミニマリストの考えでは、Iの素性を照合するのに必要な動詞の形態的素性のみが移動すれば十分であるとする。フランス語におけるようなIの強い素性も動詞の素性のみの移動で照合は可能になる。しかし、Spell-Out以前に動詞の素性のみを移動すると、語の他の要素と分離したまま音韻部門の入力となってしまい、このような派生は語として発音不可能なものを含み、PFで破綻することになる。したがって、Spell-Out以前の移動は形態的素性だけではなく、語のそのほかの要素も随伴 (Pied-piping) しなければならない。

6. 助動詞 Have と Be 動詞

助動詞の have と be 動詞がIではなくVの範疇に属するということをすでにみたが、これらは一般動詞と異なり、Spell-Out以前にIに移動すると考えられることが (19) からわかる。

(19) a. Mary has often visited England.
b.* Mary often has visited England.
c. John is often late.
d.* John often is late.

Spell-Out 以前に動詞が弱い I に移動することは遅延の原則に違反するが、その違反をする以外に派生が収束できない特殊な事情が助動詞 have と be 動詞にあると考えなければならない。このことに関していくつかの提案がされているが、ここではそのうちの一つを取りあげることにする。

　一般動詞と異なり、助動詞の have と be 動詞にはシータグリッドがなく、一般動詞とは意味的に大きな違いがある。このことから、シータグリッドがない意味的に空虚なものは LF 部門における操作には見えず、その対象とはならないと仮定すると、助動詞 have と be 動詞の素性は LF 部門では I の素性を照合できないことになる。形態的素性が照合されないまま残っていると派生は破綻してしまうので、助動詞 have と be 動詞は遅延の原則に違反して Spell-Out 以前に I に移動することになる。しかし、この分析では「所有・状態」の意味を表す助動詞ではない本動詞の have が、イギリス英語では助動詞の have と同様に Spell-Out の前に I や C に移動することがうまく説明できないなどの問題点もあることを指摘しておく。

　第 1 節でとりあげた疑問文における主語と動詞の倒置に関して、助動詞 have と be 動詞は V-to-I 移動と I-to-C 移動の二段構えで C の強い Q 素性を照合することをすでにみた。ここでの議論をもとに (20) に示したこの 2 つの主要部の移動についてさらにくわしく考えてみることにする。

(20)　[$_{CP}$ [$_{C}$ Q] [$_{IP}$ DP [$_{I}$　][$_{VP}$ have/be ......]]]

まず、V-to-I 移動は助動詞 have、be 動詞が I の素性を照合するための移動である。移動先の I には文の種類（疑問文、命令文、感嘆文など）を定める C の素性の 1 つである Q 素性を照合する素性があると仮定しよう。Q は強い素性なので、これを照合する素性だけではなく、I の要素すべてが随伴して Spell-Out 以前に移動しなければならず、助

動詞 have や be 動詞が C に移動することになる。

　また、(21) に示すように、一般動詞の疑問文では助動詞の do が I に挿入されなければならないことも第 1 節で簡単にとりあげた。

(21)　[$_{CP}$ [$_C$ Does$_i$] [$_{IP}$ she [$_I$ t_i] [$_{VP}$ like chocolate]]]

一般動詞は助動詞 have や be 動詞のように I の弱い素性を照合するために Spell-Out 以前に移動することが許されないので、Spell-Out の前に I にあるのは素性だけということになる。C の強い Q 素性は I の素性によって照合されなければならないが、Spell-Out の前の移動なので素性のみの移動はできず、I に do を挿入して素性の移動に随伴させると考えることができる。

　同じ英語でも、初期近代英語 (シェイクスピアの戯曲が書かれた 1590-1620 年頃の英語) の時代には、次の例文にあるように、一般動詞が助動詞や be 動詞と同じように Spell-Out の前に I に移動したと考えられる。

(22)　a. He knows not thy voice.
　　　b. Knows he not thy voice?

このことから、初期近代英語の時代には英語の I の素性はフランス語と同じように強かったものと考えることができる。このような考えは、言語間の語順の違いと同じように、同一言語内の語順の歴史的変化も素性の強弱の変化として捉える可能性を示唆するものである。

7. 主要部移動制約

　主要部から主要部への移動は、移動する主要部の最大投射が主要部が移動した先の最大投射に直接支配されなければならない。これは、主要部移動制約 (head movement constraint) と呼ばれる。下図におい

て、ZからY、またはYからXへの移動は可能であるが、ZからXへの直接移動は不可能である。この制約に従う移動は局所的 (local) であるとか、最短距離移動 (shortest movement) といわれる。

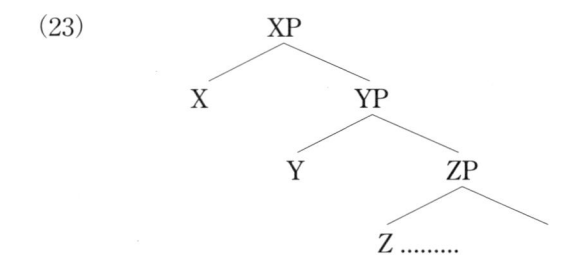

(23)
```
        XP
       /  \
      X    YP
          /  \
         Y    ZP
              / \
             Z ........
```

最短距離移動は主要部移動のみに対する制約ではなく、句の移動も制約する経済性の原理の1つである。以下の例文はすべて最短距離の移動でないために非文法的となる。

(24) a.* Have$_i$ they will t_i finished it?　　　（主要部移動）
　　 b.* John$_i$ seems it is likely t_i to come here.　（DP移動）

(24a) では主要部 have が移動先よりも近くにある主要部の will を飛び越えて移動しているため、(24b) では DP John が移動先よりも近くにある DP it を飛び越えて移動しているので非文法的となる。

本章では、伝統文法では助動詞倒置と呼ばれる疑問文で助動詞が主語に先行する統語現象を主要部移動という一般的な操作で扱えることを示した。また、主要部移動を引き起こすのが強い素性で、この素性は主要部全体を引き付けて移動させる。さらに、素性の強弱により英語やフランス語の副詞と動詞の語順の違いなどが説明されることを示した。最後に、主要部移動が局所的になるように主要部移動制約が必要であることを検討した。

練習問題

1. 次の平叙文を疑問文、否定文、および否定疑問文にしなさい。

    a. Shakespeare wrote a lot of plays.
    b. He had his hair cut at that barber's.
    c. It may snow tomorrow.
    d. He is hungry.
    e. He has three brothers.

2. 本章第7節の議論をふまえて、次のaとbの2つの文の文法性の違いを説明しなさい。

    a. Will you meet him?
    b.* Meet you will him?

3. 次の文の文法性の違いを説明しなさい。

    a. Could you have done such a thing?
    b.* Have you could done such a thing?

4. 次の間接疑問文で、なぜ助動詞と主語の倒置が起こらないか検討しなさい。

    a. I wonder if you will go there.
    b.* I wonder if will you go there.

5. 次の2つの条件節を比較して、条件節における倒置についてどのようなことが言えるか検討しなさい。

    a. If I had known it, (I would have told it.)
    b. Had I known it, (I would have told it.)

6. 次のaとbの文が非文法的で、cの文が文法的であることが、否定語の分析にどんな示唆を与えるか、主要部移動制約の観点から検討しなさい。

    a. *She not trusts him.
    b. *She trusts not him.
    c. She does not trust him.

第8章　*Wh*-疑問文

▶ *Introduction*

In grammar books we often find descriptions such as "In English, interrogatives normally have an auxiliary verb placed before the subject," and "*Wh*-words go at the very front of an interrogative sentence." Notice that in these descriptions it is suggested that auxiliary verbs and *wh*-words in interrogatives undergo movement. Based on the theta criterion, subcategorization requirements, Case properties and other syntactic facts, we will first present evidence for the movement of *wh*-phrases.

But just stating the fact that they move is far from enough to explain native speakers' knowledge of English. One of the most important questions in syntax is: Why do syntactic objects move? In the previous chapter, we demonstrated that DPs should move only if the movement is necessary to check some morphological features. If this is so, we should expect that a certain **feature-checking** requirement forces *wh*-phrases to move to a **feature-checking position**. We will discuss an analysis of *wh*-questions proposed by Rizzi (1996). He proposed the *Wh*-criterion which requires *wh*-phrases to be in the **spec-head configuration** with a head that is marked with a [+wh] feature. Rizzi also suggests that the locus of the [+wh] feature differs in selected and unselected environments, and due to this difference an auxiliary verb is required to move only in matrix questions. Thus, the two properties of interrogatives mentioned at the beginning can be derived from a general requirement for feature-checking, and it is not necessary to assume specific rules of question formation as a part of native speakers' knowledge of English.

---

1. *Wh*-疑問詞の移動

　伝統文法では英語の疑問文を2つの種類に分類して記述している。これにはYesかNoで答えるYes-No疑問文と、*wh*-疑問詞に置き換わる情報を求める*wh*-疑問文である。本章では、主として*wh*-疑問文がどのような構造をもつものかを検討し、また、その構造が、疑問文を生成する特別な規則によって成るのではなく、英語のさまざまな構造全体を貫くいくつかの原理の相互作用のあらわれの1つと捉えることが可能であることを検討する。

　wh-疑問文の大まかな特徴は次の例文が示すように、who、whom、what、where、when、why、howの*wh*-疑問詞や*wh*-疑問詞を含む*wh*-句が文頭にあり、主語と助動詞の順序が平叙文の場合の逆になっていることである。(主格のwhoで始まる疑問文については2節で検討する。)

(1) a. Who/Whom should I consult before making a decision?
　　 b. Which book do you recommend me to read?
　　 c. What should I wear for the party?
　　 d. Where is the cashier?
　　 e. When is your next appointment with your dentist?
　　 f. Why did the Prime Minister resign?
　　 g. How did you find out his whereabouts?

これらの文では wh-句（たとえば(1a)のように wh-疑問詞のみでも wh-句を形成すると考える）は文の主語ではないので、これらの文はこれまでに見てきた主語が文頭にくる文とは違った構造をもっていることになる。しかし、次の対話例が示すように、wh-句を答えとなる情報で置き換え、語順を変えると wh-疑問文に対応する平叙文となることから、これら2つの文の構造を関係づけ、wh-疑問文を平叙文と同じ構造から派生する仕組みを検討してみる。

(2) A: *What* should I wear for the party?
B: You should wear *that satin black dress you bought in London.*

(2)の例では文頭の wh-句に対応する句が、答えとなる平叙文では動詞 wear の目的語の位置にある。このことから、つぎのような仮説を立てることができるであろう。

(3) wh-疑問文において、wh-句は IP の内部から文頭の位置に移動する。

この仮説が妥当なものであることを示す根拠をいくつか以下で検討することにする。まず、(1c)を例にとり、wh-句が IP 内から移動したという考えが動詞の下位範疇と θ-基準の観点から妥当であることをみてみよう。

動詞 wear はその下位範疇として直接目的語に DP をとると指定されており、それに違反した文は非文となる。

(4) a. He always wears an expensive Almani suit when he has a date.
b.*He always wears when he has a date.

このことから、もし(1c)において wh-句が IP 内から移動したものでないとすると、動詞 wear はその下位範疇の指定を満たしていないこ

とになり、非文となることが予測される。しかし、(1c)が文法的であるということは動詞 wear の下位範疇の指定が満たされているということになり、(5)に示すように what が wear の目的語の位置にあったことの証拠になり得る。

（5）　　　should I wear *what* for the party
　　　　▲_____|

さらに、文頭の *wh*-句はもともとは(5)が示すように IP 内部にあり、そこで動詞 wear の下位範疇の指定をすでに満たしていたと考えると、次にあげるような文は非文となると予測される。

（6）　*What should I wear a tuxedo for the party?

この予測が正しいことからも、文頭の *wh*-句が IP 内部の位置から移動したと考えるのが妥当だと言える。

　また、意味の観点からは、動詞 wear は 2 つの項 (argument) をとり、それらに動作主 (Agent) と主題 (Theme) の θ-役割を付与する。(4a) では he が動作主の役割を付与され、an expensive Almani suit には主題の役割が付与されて θ-基準が満たされている。しかし、(4b) では動作主の役割は he に付与されるが、主題の役割を担う項が存在しない。その結果、θ-基準の違反となり、非文となってしまう。(1c) においてもし what が (5) にあるようにもともとは動詞 wear の目的語の位置にあったと考えれば、I に動作主、what に主題の役割がそれぞれ付与され θ-基準が満たされる。しかし、what が IP 内から移動したのではなくもともと文頭の位置にあったとすると、動詞 wear は主題の役割を付与すべき項を VP の中にもたないことになり、また、what は VP の外にあるので θ-役割を付与されない。その結果、(1c) は θ-基準に違反し、非文となるという誤った予測がされてしまう。したがって、θ-基準の観点からも、文頭の *wh*-句は IP 内部にあったものが移動したと考えるのが妥当であることがわかる。

さらに、形態論的な観点からの根拠を付け加えると、*wh*-句の格変化についてあげることができる。*wh*-句の1つの whom は次の例に示されるように、前置詞の後に現れることから、代名詞の him、her などと同じように目的格であるといえる。

(7) a. You should address the letter to *him*.
b. To *whom* should I address the letter?

次の(8)のような文において，英語には who を用いる方言と whom を用いる方言がある。ここでは whom を用いる方言について検討する。

(8) Whom did he criticize before he left?

第6章で見たように、目的格は前置詞あるいは動詞がその目的語に対して照合する格 (Case) である。したがって、(8)の whom はこの文の中で唯一目的格を照合することができる criticize の目的語であると考えるのが妥当であり、whom は criticize の目的語の位置から文頭に移動したことになる。

以上見てきたように、*wh*-疑問文の文頭の *wh*-句は IP 内部の位置から移動したという仮説に対して，統語的，意味的，形態論的な根拠があることがわかった。次節では *wh*-句がどの位置に、なぜ移動するかについて検討する。

2. *Wh* 素性

2.1 *wh*-句の移動先

ここではまず、(9)にあげたような間接疑問文の構造を検討し、*wh*-句の移動先について考える。

(9) The students wonder which article the professor wrote.

前節で議論したように wh-句が IP 内から移動したと考えると、(9)の文は(10)に示すような構造をもつことになる。

(10) [$_{IP}$ The students [$_{VP}$ wonder [which article$_i$ [$_{IP}$ the professor wrote t_i]]]]

t は DP の移動の場合と同じように、同一の指標がついた wh-句の移動前の位置を示す痕跡 (trace) を表すものとする。ここで問題なのは、wh-句 which article の占める位置と、間接疑問文全体の範疇は何であるかということになる。第4章で次の(11)のような間接疑問文の構造は補文標識の if を主要部とする CP であることを観察した。

(11) [$_{IP}$ The students [$_{VP}$ wonder [$_{CP}$ if [$_{IP}$ the professor speaks Finnish too]]]]

(11)が示すように動詞 wonder は補文の CP をとることができるのだから、(10)における wh-句を含む間接疑問文も補文の CP と考えるのは妥当であろう。しかし、if と異なり、which article は明らかに句であり、CP の主要部とは考えられない。すると、(12)に示すように、CP の指定部への移動という可能性が残る。

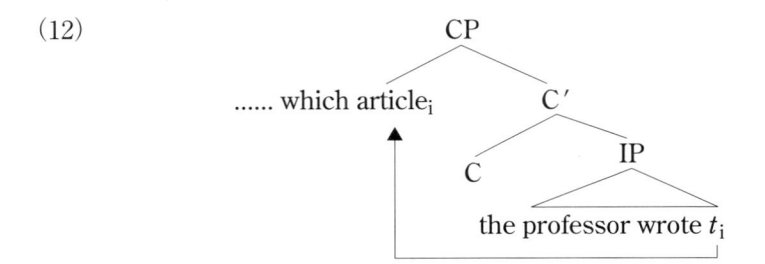

(12)

```
                    CP
                   /  \
    ...... which article_i   C'
              ↑           /  \
              |          C    IP
              |              / \
              |         the professor wrote t_i
              └──────────────┘
```

wh-句が CP の指定部に移動したと考える根拠が第5章でとりあげた英語の一方言 Belfast English に見られる (cf. Henry 1992)。

(13) I wonder [**what street**ᵢ *that* he lives in *t*ᵢ].

(13)の例では *wh*-句と補文標識の that が1つの CP 内に共起している。この例は、*wh*-句が that が占める CP の主要部にはないだけではなく、*wh*-句が that の左に移動することから、その位置が CP の指定部であることを示している。

英語の標準的な方言では (10) の例にあるように *wh*-句と補文標識は共起しないので、CP の主要部は (12) が示すように空範疇 (empty category) であると考えるべきであろうか。このことに関連して、なぜ *wh*-句が CP の指定部に移動するのか、また、Which candidate are you going to vote for? のような主節の疑問文では、*wh*-句の移動だけではなく、なぜ主語と助動詞の倒置がおこるのかについて、以下で Rizzi (1996) の提案を検討しながら考えることにする。

2.2 *Wh*-基準 (The *Wh*-Criterion)

Rizzi (1996) は *wh*-疑問文においてなぜ *wh*-句が CP の指定部に移動するのか、そして、主節の疑問文においてのみ、なぜ主語と助動詞の倒置が起こるのかを説明するものとして、「*Wh*-基準」(The *Wh*-Criterion) を提案している。

(14) *Wh*-基準

a. *wh*-オペレーター (*wh*-operator) は $X^0_{[+wh]}$ ([+wh] の素性が指定された主要部) と、指定部-主要部 (spec-head) の位置関係になければならない。

b. $X^0_{[+wh]}$ は *wh*-オペレーターと指定部-主要部の位置関係になければならない。

Rizzi (1996) では項の位置 (argument-position、A-position; 主語や目的語の位置。第3章を参照のこと。) にない wh-句 (つまり、CP の指定部にある wh-句が含まれる) を wh-オペレーターと呼んでいる。

Rizzi にしたがって、まず次の2つの文を検討してみよう。

(15) a. Mike wonders which car he should buy.
b.*Mike wonders he should buy which car.

前節で検討したように、(15a) の補文の wh-句、which car、は CP の指定部に移動したと考えられ、この which car は wh-オペレーターということになる。したがって、Wh-基準の a にしたがい、[+wh] の素性が指定された主要部と指定部-主要部の位置関係になければならないことになる。Rizzi によると、動詞 wonder はその語彙の特性の1つとして、補部に間接疑問文を選択することから、補文の主要部である C には [+wh] の指定があり、(15a) の構造は (16) のようになると考えられる。

(16) Mike wonders [$_{CP}$ which car$_i$ [$_C$ [+wh]] [$_{IP}$ he should buy t_i]].

(16) において which car は C の [+wh] と指定部-主要部の位置関係になっており、Wh-基準の a、b 両方を満たしている。

(15a) の例のように補文に疑問文が選択されている場合、その主要部である C に [+wh] の指定があるとするのは、ほかの観点から見ても妥当であると言えよう。第4章でも見たように、間接疑問文が Yes-No 疑問文の場合、補文標識は平叙文の場合の that と異なる if あるいは whether でなければならない。したがって、疑問文の C は明らかに平叙文のそれとは異なっており、[+wh] の指定が文の種類を決定する役割を担っていると考えることもできよう。

次に (15b) の文を検討してみる。この文でも wonder の補文の C は [+wh] の指定を受けていることになり、(17) に示す構造をもつ。

(17) Mike wonders [$_{CP}$ [$_C$ [+wh]][$_{IP}$ he should buy which car]].

wh-句の which car はここでは CP の指定部に移動しておらず、動詞 buy の目的語の位置にあるので、Rizzi の定義にしたがうとオペレーターではない。したがって、(15b) に関しては *Wh*-基準の a は該当しないことになる。しかし、オペレーターが CP の指定部にないので、[+wh] の指定のある C が指定部-主要部の必要な位置関係を満たしておらず、基準の b に違反している。

ここで見てきたように、(15a-b) のように補文に *wh*-疑問文をもつ文について、*Wh*-基準は正しい予測をすることがわかった。次に、*Wh*-基準に基づいて主節の疑問文がどのように分析されるのかを検討する。

補文においては、間接疑問文をとる述語によって補文の C に [+wh] が指定され、*wh*-句はその C と指定部-主要部の位置関係になるために、CP の指定部に移動する。それに対して、主節 (matrix clause) の C は選択されたものではないので、[+wh] の指定がない。それではどのようにして、基準は満たされるのであろうか。

次の例文に見られるように、主節と補文の *wh*-疑問文の違いは、主語と助動詞の倒置の有無である。

(18) a. Which car should Mike buy?　　(cf. (15a))
　　　b.* Which car Mike should buy?

Rizzi は INFL(=I) が補文の C のように選択された結果としてではなく、疑問文において独自に [+wh] の指定をもつことができると仮定している。その根拠として、オーストロネシアの言語 Palauan、ナイジェリア、ニジェールで話されている Hausa、ガーナなどで話されている Moore などの言語に見られるように、疑問文において動詞が特有の形態的特徴を示す言語が存在することをあげている。この仮定に基づけ

ば、[+wh] をもった INFL にある助動詞が、CP の指定部に移動した wh-句と指定部-主要部の位置関係になるように C に移動すると考えることができ、主語と助動詞の倒置が説明される。したがって、(18a-b) の構造はそれぞれ (19a-b) のように表すことができる。

 (19) a. [$_{CP}$ which car$_i$ [$_C$ [$_I$ should[+wh]]$_j$][$_{IP}$ Mike t_j buy t_i]]
    b. [$_{CP}$ which car$_i$ [$_C$][$_{IP}$ Mike [$_I$ should[+wh]] buy t_i]]

(19a) では wh-句と [+wh] の指定がある INFL の要素が、CP の指定部と C にそれぞれ移動することにより、Wh-基準の a と b の双方が満たされている。(19b) では CP の指定部に移動した wh-句が [+wh] をもつ主要部と指定部-主要部の位置関係になっていないので Wh-基準の a に違反している。また、[+wh] をもつ INFL が wh-オペレーターと指定部-主要部の位置関係になっていないので Wh-基準の b にも違反している。このように、INFL が独自に [+wh] をもつことができると仮定することにより、Wh-基準は (18a-b) の対比を正しく捉えることができる。

　[+wh] は疑問文を補文にとる述語によって補文の主要部 C にその指定がされるか、あるいは、INFL が独自にもつことができる要素と考えられた。それでは、この 2 通りの [+wh] が 1 つの文に同時に起きた場合、それを排除することはできるのだろうか。次のような構造をもつ文を検討してみる。

 (20) Mike wonders [$_{CP}$ which car$_i$ [$_C$ [+wh]][$_{IP}$ he [$_I$ should[+wh]] buy t_i]].

この文では、wh-句が CP の指定部に移動し、C の [+wh] と指定部-主要部の位置関係になっているので、Wh-基準の a は満たされている。しかし、補文の INFL がもつ [+wh] は、元の位置のままでは b の基準を満たしていない。C にはすでに [+wh] が指定されているので、この INFL が wh-オペレーターと指定部-主要部の関係になるために移動す

ることはできないと考えれば、Wh-基準のbに違反するとして、この文を排除することができる。

以上、Rizzi (1996) が提案する Wh-基準によって、wh-句の移動の理由、I-to-C 移動 (I-to-C movement) の有無などについて説明が可能であることをみた。

Rizzi は Wh-基準を wh-オペレーターと [+wh] の指定部-主要部の位置関係における一致 (agreement) として捉えているが、これを Chomsky (1993) などで提案されているミニマリスト・プログラムの枠組みで、素性の照合 (feature checking) として捉え直すこともできる。この枠組みでは、[+wh] は wh-句と C あるいは INFL の双方がもつ機能素性 (functional feature) であると考えられ、DP の格素性などの照合と同様、機能範疇にある [+wh] は wh-句のもつ [+wh] と照合関係 (checking relation) に入り、照合された場合、それ自身は削除されなければならない。英語の場合、wh-句の移動が PF の前に起こるので、機能範疇の [+wh] は「強い」素性と考えられる。「強い」素性は PF では解釈されないので、音韻部門の入力となる前に、下に示すように wh-句そのものが移動して「強い」[+wh] 素性を照合して削除させなければならない。

(21) (Mike wonders) [$_{CP}$ [$_C$ [+wh]][$_{IP}$ he should buy which car$_{[+wh]}$]]
(Mike wonders) [$_{CP}$ which car$_{[+wh]i}$ [$_C$ [+wh]][$_{IP}$ he should buy t_i]]
ϕ

主節の wh-疑問文における I-to-C 移動も、Rizzi にならい INFL に「強い」[+wh] 素性があると考えることで説明がつく。

日本語のように wh-句の移動が Spell-Out の前に (音声的に実現するかたちで) 起こらなくともよい言語においては、機能範疇の [+wh] は「弱い」素性と考えられる。「弱い」素性も PF では解釈されないが、

「強い」素性と異なり、PFの解釈規則に無視されるのでPFで残っていてもかまわないと考えることができる。弱い素性でLFにおいて解釈されないものはLF部門で素性の照合により削除されなければならないが、PF部門への入力の後で素性の照合が行われる場合は、語の発音とは関係がないので、下に示すようにLF部門で素性の移動だけが起こると考えられる。したがって、wh-句の移動が音声表現には表れない。

(22) [$_{CP}$ [$_{C}$ [+wh]][$_{IP}$ マイクは [どの車を$_{[+wh]}$] 買うべきか]]（迷っている）

[$_{CP}$ [$_{C\ [+wh]}$ [+wh]][$_{IP}$ マイクは [どの車を] 買うべきか]]（迷っている）
ϕ (at LF)

最後に、主語のwh-疑問文について検討する。次の例文における対比で明らかなように、主語のwh-疑問文では主節であってもI-to-C移動が起こらない。

(23) a. Who came to Mike's party?
b.* Who did come to Mike's party?
c. I wonder who came to Mike's party.
d. Who did you bring to Mike's party?

shouldなどの法助動詞がない文でI-to-C移動が起こる場合、(23d)の例にあるように助動詞のdoが表れる（do-support）。しかし、(23a)の文では間接疑問文を含む(23c)と同様にdoが表れず、I-to-C移動がないことを示している。

Rizzi (1996) では(23a)のような文が、I-to-C移動なしでどのようにWh-基準を満たすことができるかに関して、やや複雑な説明を要する（ここでは割愛する）。しかし、先に見たように、I-to-C移動の目的をINFLがもつ [+wh] 素性を、wh-句の素性と照合し削除することと捉

えれば、より簡単な説明が可能となる。(23a)を例にとると、音韻部門への入力の前の段階で、主語のwh-疑問文の構造は次のようであると考えられる。

(24) [$_{IP}$ Who$_{[+wh]}$ [$_I$ [+wh] past] [$_{VP}$ came to Mike's party]].

(24)に示した構造では、INFL がもつ「強い」[+wh] 素性はすでに、wh-句の素性と照合され得る位置関係（すなわち、指定部-主要部の位置関係）にある。したがって、I-to-C 移動は必要ではないので、(23a)の文では助動詞の do が表れない。この段階ではwh-句の移動も必要ではないが、wh-句がオペレーターとして解釈されるために、LF 部門においてwh-句がCPに移動すると考えられる。この移動は、Spell-Out後の移動なので、音声表示には影響がなく、素性のみの移動となる。

本章では、wh-疑問文について、wh-句の移動や主語と助動詞の倒置は、wh-句（オペレーター）と機能範疇に指定された [+wh] の素性との間の一致の関係に基づくもの、あるいは機能範疇の [+wh] の素性をwh-句の素性と照合して削除する必要に基づくものという提案を検討した。この考え方によると、wh-疑問文におけるこれらの移動現象は、この構文に特有のものと捉えるのではなく、主語と動詞の一致、DPの格照合など他のさまざまな一致や、照合の現象と同様のものと捉え、より一般的な現象の一部と考えることが可能になる。

練習問題

1. 次のそれぞれの文の中でどの wh-句が疑問詞を含むか答えなさい。またそれ以外の wh-句は何であるか説明しなさい。

    a. What were you saying when I left you last night?
    b. Which of you saw the girl who was sitting next to me?
    c. He can't believe how beautiful she looks in that dress.

2. 次の文の構造を樹形図を用いて表しなさい。

    They wonder which class they should take.

3. 次の文は文法的であるが、Rizzi (1996) の Wh-基準をどのように満たしているのか、またなぜ違反にならないのかを説明しなさい。

    What did you give to whom?

4. 次の文は構造的にあいまいな (structurally ambiguous) 文である。どのようにあいまいかがわかるように、意味の違いを説明し、さらに、それぞれの意味に対応する文の構造の違いを説明しなさい。

    Why do you think Mary is not married?

5. wh-疑問文のほかにも wh-句を用いる構文の1つに関係詞節がある。次の例文などを参考にして、wh-疑問文と関係詞節は構造上どのような共通点があり、また、どのような相違点があるかを考えなさい。

    a. She is the sweetest person [who I have ever met].
    b. There are no places [where you can stay tonight].
    c. He said something [which I didn't quite get].

d. They moved to this house at the time [when their second child was born].

6. この章では、補文において *wh*-句と補文標識の that が共起することのできる方言の例として Belfast English と呼ばれるものを取り上げた。Henry (1992) では Belfast English では whether は補文標識であると主張されているが、次の例文を検討してその理由を考えなさい。

　　a. I don't know when that he's going.
　　b. It depends who that I see.
　　c.*I don't know whether that he's going.
　　d. I wonder whether he got there on time.
　　e.*I wonder whether did he get there on time.
　　f. They asked him whether he was by himself.
　　g.*They asked him whether was he by himself.
　　h. I wonder what street that he lives in.
　　i.*I wonder what street that does he live in.
　　　　　　　　　　　　〔以上 Henry (1992:287-288) より〕

第 9 章　存在文

▶ Introduction

　　We have two kinds of *there* in a sentence like *There is nobody living there*. The first *there* is traditionally called **existential** (or **preparatory**) *there*, having no place meaning or reference of its own. By contrast, the second *there* is a place adverb, which can be paraphrased as 'in that place'. The existential *there*, unlike the place adverb, cannot be questioned, hence the ungrammatical sentence *Where is nobody living there?*

　　Sentences beginning with existential *there* are called existential sentences. In such sentences the *there* is a formal subject and a 'real' subject follows the verb. One of the characteristics of this type of sentences is that a DP whose existence is presupposed (e.g. *the book*) cannot occur as the real subject of the sentence, and so the sentence *There is the book on the table* is unacceptable.

　　It has been recently assumed, however, that in the sentence *There is nobody living there*, the real subject (e.g. *nobody*) originates in the Specifier position of the VP, i.e. [$_{VP}$ nobody living there]. This is called **the VP internal subject hypothesis**. The real subject is assumed to have no Case or even if it does, it cannot have nominative Case, so that it will not be raised to the subject position of the finite IP in order to check its Case. In existential sentences, then, *there* with [+nominative] must be inserted as their subjects since in English, sentences must have subjects.

One justification for the VP internal subject hypothesis comes from the position of a **quantifier** like *both*. The quantifier *both* occurs in two positions: (1) *Both the men were watching Mary*, and (2) *The men were both watching Mary*. If we adopt the VP internal subject hypothesis, we can derive both sentences from the same abstract structure. This hypothesis is also in keeping with the economy principle which we have already seen in Chapter 1.

---

1. 存在の there

存在の there (existential *there*) を含む構文を存在文または there 構文と呼ぶ。存在の there は「場所」の意味を欠き、単に形式主語として文頭に位置するので、伝統文法では予備の (preparatory)、形式の (formal)、あるいは虚辞の (expletive) there などと呼ばれた。場所を表わす there は副詞で、その部分について (1a) のように Where の疑問詞で問えるが、(1b) が示すように存在の there については問えない。

(1) a. I met Mary there last night.
→ Where did you meet Mary last night?
b. There are three skunks escaping.
→*Where are three skunks escaping?

また、次の (2) のように存在の there は、場所の意味が無いので同じ文中に場所を表わす他の副詞をともなうことができるが、場所を表わす there は他の場所を表わす副詞と共起できない。

(2) a. There is no one *here* except us.
　　b.*I saw a big bird *there* here.

さらに、存在の there は音声的には弱く発音されることが多く、この点で常に強く発音される場所を表わす there とは区別される。

存在文の真主語（意味上の主語）は動詞の後に位置し、その動詞と数において一致するが、あるものの存在を主張するので、すでに存在しているものを主語として用いることはできない。したがって、存在文においては特定 (definite) の DP は真主語にはなれず、不特定 (indefinite) の DP のみが真主語として使われる。また、不特定の数を表わす数量詞句 (some people, many people など) は真主語としても可能であるが、一定の集合があって初めて意味をなす数量詞句 (all people, both people, every cat など) は特定の DP と同じように扱われ存在文の真主語にはなれない。

(3) a. There is a /*the/*John's/*that/ cat on the sofa.
　　b. There are some /*all/*both/*most/ people in the hall.
　　c.*There is every /each/ cat on the sofa.

存在文のもう一つの特徴について見てみよう。ここまでは全て be 動詞を用いた存在文について検討したが、be 動詞以外でも存在、出現あるいは提示を表わす動詞は存在文で用いることができる。

(4) a. There could exist a high-level conspiracy.
　　b. There arose revolts everywhere in the country.
　　c. There stands an old church on the hill.
　　d. There began a long bloody battle.
　　e. There took place a splendid banquet.

2. 形式上の主語について

　文頭にくる存在文の there が形式上の主語であって真主語でないことは上述したとおりであるが、ここで there が形式上の主語である根拠について典型的な主語と分布を比較しながら考察してみよう。まず、there は疑問文において助動詞、be 動詞、have 動詞の後に来る。

　　　（5）　a. Are there any questions?
　　　　　　　（cf. Are they college students?）
　　　　　　b. Has there been any news from her lately?
　　　　　　　（cf. Has John been here all morning?）
　　　　　　c. Will there be a dance at the city hall tomorrow?
　　　　　　　（cf. Will he be at the party tomorrow?）

また、there は付加疑問文の主語としても用いられる。

　　　（6）　a. There is something strange about the dog, isn't there?
　　　　　　　（cf. He is very funny, isn't he?）
　　　　　　b. There will be some trouble, won't there?
　　　　　　　（cf. They will stay here, won't they?）

さらに、以下にあげるように there は不定詞の主語として用いられ、すでに考察した「主語繰り上げ」の文法操作を受ける。

　　　（7）　a. We expect there to be an announcement about her marriage.
　　　　　　b. There$_i$ is expected [t_i to be an announcement about her marriage].
　　　　　　c. There$_i$ seems [t_i to be no room for doubt].

3. VP 内主語仮説

　主語は本来 VP 内の指定部の位置にあるとする仮説を VP 内主語仮説 (VP internal subject hypothesis) という。そこで、VP 内主語仮説を仮定するいくつかの理由を検討しよう。第一の理由は、この仮説を支持すると数量詞の位置をうまく説明できる点である。

　　（8）a. <u>All</u> the boys have read this book.
　　　　 b. The boys have <u>all</u> read the book.

上記の (8a) と (8b) とはパラフレーズの関係にある。これらの文は次の樹形図が示すように同じ構造から派生されたものと仮定すると、(8a) の場合は QP 全体が空の主語の位置に移動し、(8b) の場合は I′ と空の DP (=e) が結合した後で QP 内の DP だけが空の主語の位置に移動したと一貫した説明が可能になる。

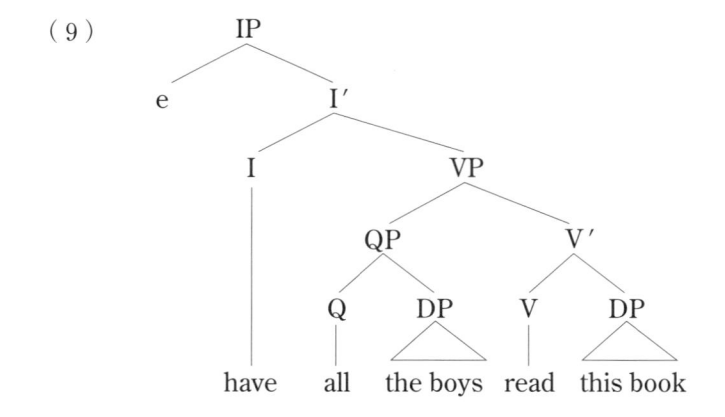

（9）

```
              IP
            /    \
           e      I′
                /    \
               I      VP
               |    /    \
               |   QP     V′
               |  /  \   /  \
               | Q   DP  V   DP
              have all the boys read this book
```

　第二の理由は、VP 内主語仮説によると VP 内で全ての項(argument)の θ-役割付与が可能となり、θ-役割付与が簡潔になる。この仮説をとらないと、補部に対しては V が VP 内の要素に θ-役割を与えるが、主語に対しては VP が VP 外の要素に θ-役割を与えることになり複雑になる。次の (10a) の文の θ-役割付与を VP 内主語仮説に基づき図示

すると (10b) のようになり、V がその補部の DP$_2$ (= the car) に主題 (Theme) の θ-役割を、指定部の DP$_1$ (= He) に動作主 (Agent) の θ-役割を付与できる。

(10) a. He moved the car.
b.
```
          VP
         /  \
      DP₁    V'
       |    /  \
       |   V   DP₂
       |   |    |
       He moved the car
```

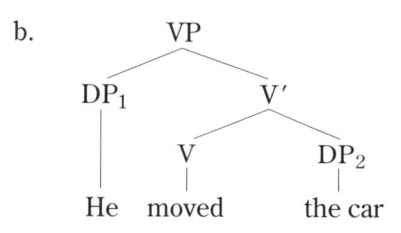

　第三の理由は慣用句に関するものである。次の慣用句の DP である the cat と the shit は、特定の述語の主語にしか現われない。

(11) a. The cat may be out of the bag. (秘密が漏れるかもしれない)
b. The shit will hit the fan. (ひでえことになるだろう)

このように慣用句の特定の意味が成り立つためには、慣用句を形成する語句が一つの構成素をなすものと考えられる。VP 内主語仮説を採用すると、たとえば (11a) の文は次のような樹形図から分かるように、慣用句が may によって分離されずにすむのである。

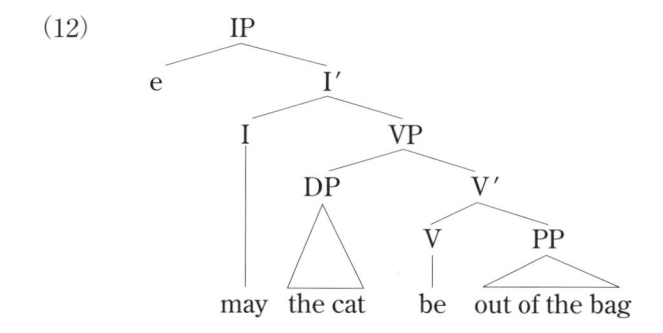

(12)
```
              IP
             /  \
            e    I'
                /  \
               I    VP
               |   /  \
               |  DP   V'
               |  /\  /  \
               | /  \ V   PP
               |/    \|  /  \
              may the cat be out of the bag
```

もう一つの理由は、次の一組の文に関連する。

(13) a. A girl is in the room.
b. There is a girl in the room.

(13a) から (13b) を生成することはできない。なぜなら、それには (13a) の DP (= a girl) を is の後に繰り下げて、a girl のあった元に位置に there を挿入することになるが、これでは移動した a girl が元の位置にある there を構成素統御できないから、このような繰り下げの文法操作は統語論では認められないのである。

また、VP 内主語仮説だと、(13a)、(13b) の樹形図はそれぞれ (14a)、(14b) となり、その差は DP の a girl に主格があるかどうかだけである。

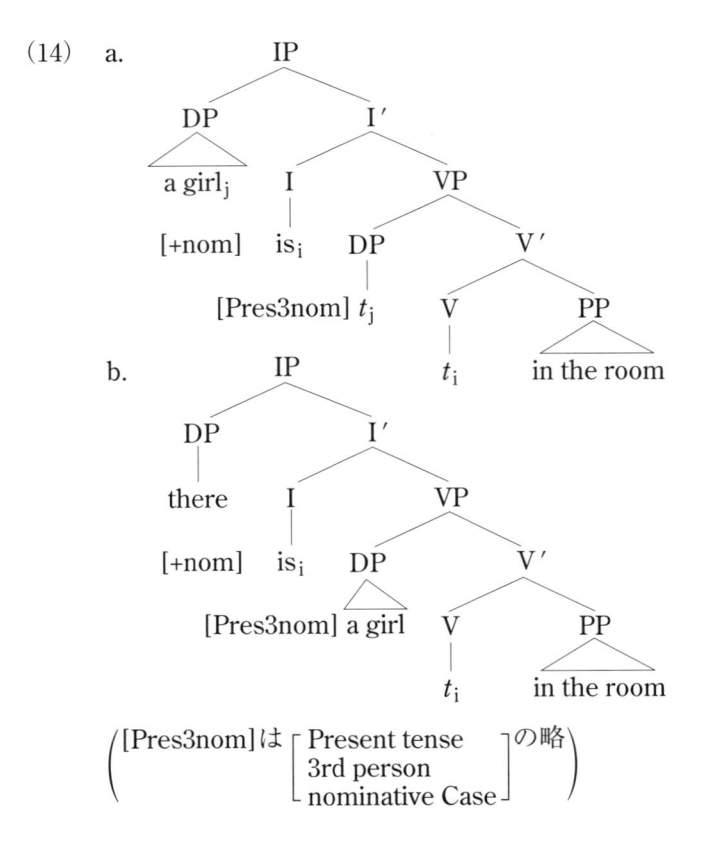

(14) a.
```
            IP
           /  \
         DP    I'
          |   /  \
       a girlⱼ I   VP
         [+nom] |  / \
              isᵢ DP  V'
           [Pres3nom] |  / \
                    tⱼ V   PP
                       |    |
                       tᵢ  in the room
```

b.
```
            IP
           /  \
         DP    I'
          |   /  \
        there I   VP
         [+nom] |  / \
              isᵢ DP  V'
           [Pres3nom] |  / \
                   a girl V  PP
                          |   |
                          tᵢ in the room
```

$\left(\text{[Pres3nom]は}\begin{bmatrix}\text{Present tense}\\\text{3rd person}\\\text{nominative Case}\end{bmatrix}\text{の略}\right)$

(14a) の樹形図は、まず主要部移動により動詞 is [Pres3nom] が IP の主要部である I に移動し、次に DP の a girl が主格を照合するために IP の主語の位置に繰り上がることを表わしている。一方、(14b) は、主要部移動により is が I に繰り上がるが、DP の a girl は格がないので繰り上がって格の照合をする必要はないので、次節で述べる拡大投射原則 (extended projection principle) によって主語を必要とし、虚辞で主格をもつ there[+nom] が挿入されることを表わしている。

4. 拡大投射原則

単語の語彙的 (どのような項構造を取るかという) 特質が統語論で投射 (すなわち反映) されなければならないという原則が投射原則 (projection principle) で、項構造のいかんにかかわらず文は主語を持たなければならないという原則が拡大投射原則 (extended projection principle) である。拡大投射原則は次の例文の非文法性の説明を容易にする。

(15) a. *accused John Mary.
　　 b. *is out of the question that she should be fired.
　　　　(cf. It is out of the question that she should be fired.)
　　 c. *are two pigs escaping.
　　　　(cf. There are two pigs escaping.)

(15a) は、主語の位置が満たされていないので非文である。では、主語の位置に虚辞の there を挿入することができるであろうか。虚辞の there は特定の DP である John と相容れないし、通例、他動詞と共に用いることもできないので、その挿入は不可能である。(15b) では、that 節は DP と異なり格を必要としないので、格照合のため is の主語に繰り上がる必要はない。したがって、このままでは、主語がないため拡大投射原則によって排除されるが、節を表わす虚辞の it を挿入す

れば文法的な文となる。(15c) の場合には、two pigs は主格を持たず繰り上がる必要がないから、これもこのままだと拡大投射原則により排除される。虚辞の there を挿入すれば文法的な文となる。

さらに、拡大投射原則を設けることは、不定詞節も時制節もともに IP として一様に捉えられるという魅力がある。したがって、次の (16) の例文は共に補文に IP を含むものとして記述でき、すでに第5章で考察したように、(16b) では補文の主語の位置に PRO の存在を仮定できるのである。

(16) a. It is unclear [who you should see].

```
            CP
           /  \
         DP    IP
          |   /  \
          | DP    I′
          |  |   /  \
          |  |  I    VP
          |  |  |   /  \
          |  |  |  V    DP
          |  |  |  |    |
        whoᵢ you should see  tᵢ
```

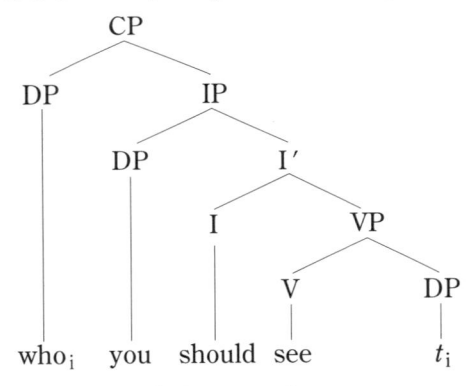

b. It is unclear [who to see].

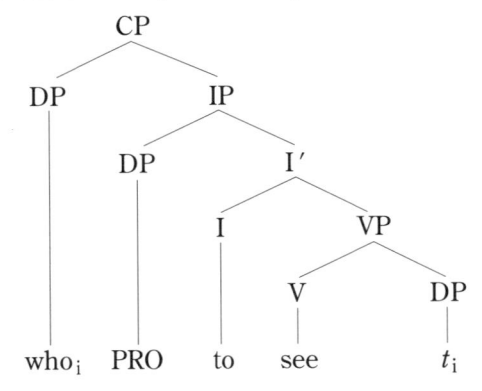

```
            CP
           /  \
         DP    IP
          |   /  \
          | DP    I′
          |  |   /  \
          |  |  I    VP
          |  |  |   /  \
          |  |  |  V    DP
          |  |  |  |    |
        whoᵢ PRO to  see  tᵢ
```

5. 経済性の原理

　他の条件が同じであれば、抽象的な構造、派生、あるいは操作の数が少なければ少ないほど最適な文法であるとする原理を経済性の原理 (Economy Principle) と呼ぶ。また、たとえば、同じ移動という文法操作の場合に、短距離移動のほうが長距離移動よりも経済性の原理に適っているとみなされる。次の例が短距離移動の例である。

　　(17)　a. John seems to be likely to win.
　　　　　b. [John seems [t_2 to be likely [t_1 to win]]

すなわち、文頭の John は初めに t_1 から t_2 へ移動し、次に t_2 から文頭に移動したと考えるのが経済性の原理に適っていて、これ以外の移動は全て派生の数が多くなり経済性の原理に違反すると言えよう。たとえば、John がはじめ t_1 から t_2 に移動し、そこから再び t_1 に移動し、さらに t_2 に移動してから文頭に移動する、と仮定するのは明かに非経済的である。

　抽象的な構造の数についても、すでに VP 内主語仮説を扱った第3節でみたように、同一の構造から2種類の文が派生する方が、2種類の抽象的な構造を仮定するよりも経済性の原理に適っている。ここでもう一度 (8) の例文と同じ種類の (18) を見てみよう。

　　(18)　a. Both the men have read the book.
　　　　　b. The men have both read the book.

これら二つの文は、VP 内主語仮説を想定すれば同一の構造 (19) から QP 全体あるいは DP のみを空の主語の位置に繰り上げることによって派生できる。しかし、上記の2文の派生に関しては異なった考えも可能である。たとえば、(18a) から文頭の数量詞 both を have の直後に繰り下げて (18b) を派生すると仮定したらどうであろうか。この場合は、すでに述べたように「繰り下げ」という統語論では認められな

い文法操作を必要とすることになるから、問題の解決にはならない。

(19) a. [$_{IP}$ e[$_{I'}$ have [$_{VP}$ [$_{QP}$ both [$_{DP}$ the men]] [$_{V'}$ read the book]]]]

b. [$_{IP}$ e[$_{I'}$ have [$_{VP}$ [$_{QP}$ both [$_{DP}$ the men]] [$_{V'}$ read the book]]]]

最後に、同じ繰り上げという操作では、長距離の繰り上げより短距離の繰り上げ、すなわち最短距離移動 (shortest movement) の方が経済性の原理に適うのである。したがって、たとえば、次の (20a) は主語のDPJohn が (IP_2 の位置が it によって占められているために) IP_1 より IP_3 に直接移動した長距離移動の例で、非文法的である。これに対して、(20b) は IP_2 の John が IP_1 から最短距離移動したもので、文法的である。

(20) a. *[$_{IP3}$ John$_i$ seems that [$_{IP2}$ it appears [$_{IP1}$ t_i to be happy]]]

b. [$_{IP3}$ It seems that [$_{IP2}$ John$_i$ appears [$_{IP1}$ t_i to be happy]]]

本章では、there を含んだ存在文を扱い、there 構文とそれに対応する there のない文は、真主語の DP が主格を持つかどうかの差によることを示した。また、there 構文が VP 内主語仮説を支持するだけでなく、VP 内主語仮説には次の利点があることを論じた。(a) 同意表現の文で数量詞が異なる分布を示すことを簡潔に説明できる。(b) θ-役割を全て VP 内の要素に付与できる。(c) 慣用句を1つのまとまりとして簡潔に記述できる。さらに、項構造のいかんにかかわらず、文は主語を持たなければならないことを規定する拡大投射原則と、移動が最短距離で行われることを規定する経済性の原理にも触れた。

練習問題

1. 次の文に対応する存在文を書きなさい。

1. A cat is in the box.
2. Three students are sleeping during the class.
3. Something must be wrong.
4. A taxi was ready.

2. there is とその縮約形である there's とどのような統語上の違いがあるか調べなさい。

3. the のつく特定の DP が次の存在文でなぜ可能なのか調べなさい。

1. There is the problem of race in America.
2. There is the oddest-looking man standing at the gate.
3. "What's worth visiting there?"
   "Well, there's the zoo, the botanical garden and the museum."

4. 数量詞を前に持つ語句で存在文で許される例文と、許されない例文を二つづつ書きなさい。

5. 練習問題 1.1 の例文 A cat is in the box. とそれに対応する存在文の派生の違いを VP 内主語仮説を用いて示しなさい。

第10章　束縛理論

▶ Introduction

A theory that regulates DP interpretation will be referred to as the **binding theory**. The theory recognizes three types of DPs: **pronouns**, **anaphors**, and **referential expressions**. Anaphors include reflexives such as *myself*, and reciprocals such as *each other*. Referential expressions (r-expressions) refer to full nominal expressions such as *John, Mary, the man*, etc.

The binding theory explains, for example, why the sentence, **John$_i$ admires him$_i$*, is ungrammatical, whereas the sentence, *John$_i$ admires himself$_i$*, is grammatical. The former shows that the subject *John* and the object *him* cannot be **coreferential** or **coindexed**, and thus *John* cannot be the antecedent of *him*. The latter indicates that *John* and *himself* are coreferential, and so *John* must be the antecedent of *himself*. Thus reflexives and pronouns seem to be in complementary distribution.

A referential expression like *John* refers independently. Such an expression selects a referent from the world we live in, hence it is used without an antecedent. However, some restriction is required if a referential expression and a pronoun occur in the same sentence. For example, in the sentence *John$_i$ said that he$_i$ felt a little better*, the pronoun *he* can be coindexed with *John*. But in the sentence **He$_i$ said that John$_i$ felt a little better*, the pronoun *he* cannot be coindexed with *John*. We assume, then, that pronouns cannot be in the higher clause than the referential expressions that they refer to.

In this chapter, we will discuss the binding theory, examining binding conditions or principles necessary for the three kinds of DPs, and the relations between those DPs. We will also examine some parallelism found between anaphors and some kind of **empty categories**, given that DP traces are looked upon as anaphors and their moved DPs as antecedents.

---

1. 三種類の DP

本章では、(1a)のような性、数、格により語形変化をする人称代名詞と、(1b)のような再帰代名詞(reflexive)および相互代名詞(reciprocal)、それに(1c)のような指示表現(referential expression)と呼ばれる名詞表現について考察する。

(1) a. John admires him.
　　b. John hurt himself.
　　　 They helped each other.
　　c. John went out.

(1a)のような代名詞には「指示性」という機能があり、話し手と聞き手との間で共有されていると思われることがらや人物名の繰り返しを避ける働きがある。また、The man woke up, and he went to town.のような文では、代名詞 he はそれ自体では指示物(referent)を完全には明示できず、文中の他の DP を指すという照応的(anaphoric)な働きもある。この場合、代名詞によって指示される DP を先行詞(antecedent)と呼ぶ。この例では the man が he の先行詞となることができる(先行詞でなくともよい)。しかし、(1a)の him は John を先行詞とすることはできない。

これに対し、それ自身固有の指示 (reference) を持たない DP で、先行詞を必ず必要とするものを照応形 (anaphor) という。照応形は必ず先行詞を持たなければならないから、(1b) の himself は John を、each other は They をそれぞれ先行詞とする。詳しくは後述するが、このような照応形は先行詞によって束縛 (bind) されているといい、束縛照応形 (bound anaphor) ともいう。

(1c) のような指示表現 (referential expression) は、それ自体がなんらかの指示を持つ。したがって、指示表現は単独で用いられ、先行詞を必要としない。

照応形に関するさらなる検討は次節で行う。

2. 照応形と先行詞

まず、再帰代名詞について見てみよう。再帰代名詞は人称代名詞の目的格あるいは所有格の形に -self, -selves を付加したもの (himself, ourself, ourselves) をいう。この語形から複合人称代名詞とも呼ばれる。再帰代名詞の格は目的格しかなく、動詞あるいは前置詞の後にしかこれないので、主格や所有格の位置には生じない。

(2)　a. He should take care of himself.
　　　b.* Himself is fine today.
　　　c.* This is myself's house.

また、再帰代名詞には大きく分けて再帰用法と強意用法 (e.g. He *himself* did it.) とがあるが、本書では再帰用法に焦点を絞り、検討する。再帰用法は動作主 (Agent) のおこした動作などが自己に作用してくることを表わし、(3) のようになる。

(3)　a. He absented himself from school yesterday.
　　　b. He prided himself on his daughter.

(3)の例は再帰代名詞を常に目的語とする再帰動詞 (reflexive verb) を用いた例である。また、再帰代名詞以外の DP も目的語としてとる動詞が、再帰代名詞を目的語とした場合には次のように意味が特殊化することがある。

  (4) a. He enjoyed a dinner.（彼は夕食を楽しくいただいた）
     b. He enjoyed himself.（彼は愉快に過ごした）

いずれの場合にも、再帰代名詞はその数、性および人称に一致する先行詞を必要とするのが特徴といえよう。

 次に、相互代名詞 (reciprocal) は、二人（個）以上の間における相互関係を表わす代名詞で、伝統文法では不定代名詞の中に含まれる each other と one another の二つである。相互代名詞は再帰代名詞のように主格の位置では非文法的であるが、動詞あるいは前置詞の目的語として用いられるほかに、再帰代名詞とは異なり所有格としても用いられる。

  (5) a. They helped each other.
     b. All three hated one another.
     c.* Each other were very happy.
     d.* The candidates expected that one another would win.
     e. The twins often wore each other's clothes.
     f. They scratched one another's backs.

上記の例からも分かるように、相互代名詞の先行詞は意味的に複数のものでなければならない。だから、(6a) のように形式上は単数であったり、(6b) のように形式上は複数でも意味的に単数の DP は先行詞にはなれないことに注意する必要がある。

(6) a.* The boy hit each other.
b.* The binoculars (= a pair of binoculars) are focused differently each other.

3. 束縛理論

　前節で検討した照応形や代名詞の先行詞を決めたり、JohnやMaryなどの表現が照応形や代名詞とともに生じる時に、どのような場合に不適切になるかを理論化したものが束縛理論(binding theory)である。束縛の定義は同一指標付与(coindexation)と構成素統御(c-comannding)の概念とからなっている。

　構成素統御の定義はすでに第3章で検討したので、ここでは同一指標付与についてあらためて定義しよう。二つ以上のDPが物を共有するとき、(7a)のようにそれぞれのDPに下付の同一指標(同じ記号)を付与することを同一指標付与という。

(7) a. John$_i$ said he$_i$ shaved himself$_i$.
b. He$_j$ said that John$_i$ shaved himself$_i$.

(7a)の同一指標(coindex)を持つJohn, he, himselfは同じ人物を指している。(7b)のJohnとhimselfは同一指標(i)を持ち、同じ人物であるが、文頭のHeは異なる指標(j)を持っているので、Johnあるいはhimselfと同一人物ではないことになる。

　三種類のDPと先行詞の関係は次のようになる。

(8) A. 照応形は、それと同一指標をもつDPによって構成素統御されなければならない。
B. 代名詞は、それと同一指標を持つDPを構成素統御してはならない。

C. 指示表現は、それと同一指標を持ついかなる DP によっても構成素統御されてはならない。

それぞれの例を見てみよう。次の (9) は、(8) の A に合致する文と合致しない文とを対比したものである。

(9) a. He$_i$ hurt himself$_i$.
b.*I believe [$_{IP}$ himself$_i$ to hurt John$_i$]

(9a) の文では先行詞 He が照応形 himself を構成素統御しているので、(8) の A を満たし文法的である。(9b) では照応形 himself が逆に、指示表現 John を構成素統御していて (8) の A に反するので非文法的である。

次に、代名詞の例を見てみよう。

(10) a. John$_i$ said that he$_i$ would meet Mary.
b.*He$_i$ said that John$_i$ would meet Mary.

(10a) では代名詞 he は John を構成素統御していないが、(10b) では代名詞 He が John を構成素統御しているため (8) の B に違反し、非文法的である。

最後に、指示表現の例を見てみよう。

(11) a.*He$_i$ hurt John$_i$.
b.*John$_i$ met the man$_i$.

(11a) は代名詞 He が指示表現 John を構成素統御している例であり、(11b) は指示表現 John が別の指示表現 the man を構成素統御している例で、ともに上記 (8) の C に反するので非文法的である。

このように、ある DP をそれと同一指標を持つ先行詞が構成素統御することを「束縛する」(bind) という。ここまでは三種類の DP と先

行詞の関係をみてきたが、(8)の規定は厳密さに欠ける。たとえば、照応形はある限られた局所的領域 (local domain) 内、たとえば同一節内で束縛されなければならず (cf. John$_i$ praised himself$_{i/*j}$.)、逆に、代名詞はその同じ領域内で束縛されてはならない (cf. John$_i$ praised him$_{*i/j}$.)、すなわち「自由」(free) でなければならない。このような照応形と代名詞の関係を相補分布 (complementary distribution) の関係にあるという。さて、上記の局所的領域を束縛領域 (binding domain) というが、この領域をα (=照応形あるいは代名詞) を含む以下の節 (IP) もしくは DP とする。

(12) 束縛領域
    A. 主語を持つ最初の DP
    B. 最初の時制節、あるいはαを構成素統御する DP を持つ最初の非時制節

以上の束縛領域を用いて三種類の DP に関する束縛条件 (または原理) をまとめると次のようになる。

(13) 束縛理論 (Binding Theory)
    A. 照応形は束縛領域の中で束縛されなければならない。
    B. 代名詞は束縛領域の中で自由でなければはならない。
    C. 指示表現はいつも自由でなければならない。

(13) の A〜C の束縛理論を用いて次の例を説明しよう。

(14) a. John saw [$_{DP}$ Bill's$_i$ picture of himself$_i$].
    b. *John saw [$_{DP}$ Bill's$_i$ picture of him$_i$].
    c. John$_i$ saw [$_{DP}$ a picture of himself$_i$].
    d. [$_{IP2}$ They said [$_{IP1}$ John$_i$ hurt himself$_i$]].
    e. *[$_{IP2}$ John$_i$ said [$_{IP1}$ Mary hurt himself$_i$]].
    f. [$_{IP2}$ John$_i$ believes [$_{IP1}$ himself$_i$ to be the best man]].
    g. [$_{IP2}$ We expect [$_{IP1}$ John$_i$ to shave himself$_i$]]

h.*[$_{IP2}$ John$_i$/He$_i$ told us [$_{IP1}$ John$_i$ would go there]]

(14a) では、DP の位置にあるの所有格 Bill's は DP の主語と解される。したがって、主語 Bill's を持つ DP が束縛領域で、その中で照応形 himself が束縛されているので文法的である。(14b) では、束縛領域 DP の中で代名詞 him が束縛されているので非文法的である。上記 (14c-g) の例で、照応形の位置に代名詞が来ると文法性が逆転することに注意しよう。(14c) では、DP に主語が無いので DP は束縛領域になれない。したがって、himself を含む最初の時制節である全文が束縛領域となり、その中で himself が束縛されているので文法的である。(14d-e) では最初の時制節 IP$_1$ が束縛領域になる。その中で himself が束縛されている (14d) は文法的で、束縛されていない (14e) は非文法的である。(14f) は、himself を含む最初の時制節である全文 IP$_2$ が束縛領域となり、その中で himself が束縛されているので文法的である。(14g) は、himself を含む最初の非時制節 IP$_1$ が束縛領域となり、その中で himself が束縛されているので文法的である。最後に、(14h) は、IP$_1$ の指示表現 John が IP$_2$ の John や He によって束縛されているので非文法的である。

4. 空範疇と束縛理論

照応形 himself や each other などに対応するものとして、本節では空範疇 (empty category) の DP 痕跡を照応形とみなして検討する。

(15) a. He$_i$ is trusted t_i by everybody.
  b. [$_{DP}$ the city$_i$'s destruction t_i by the enemy]
  c. John$_i$ seems [t_i to win].
  d.*John seems [$_{CP}$ that [$_{IP}$ t_i wins]].

(15a) は、痕跡 t を照応形とみなすと、照応形 t がそれを含む最初の

時制節、すなわち全文が束縛領域で、その中で束縛されているので文法的である。同様に、(15b) は主語 the city を持つ DP が束縛領域で、その中で痕跡 t が束縛されているので文法的である。また、(15c) は痕跡 t を含む最初の時制節、すなわち全文が束縛領域で、その中で痕跡が John によって束縛されているので文法的である。ところが (15d) では、痕跡を含む最初の時制節 IP が束縛領域であるが、その中で t が束縛されていないので、この文は非文法的である。

次に、指示表現に対応する空範疇として wh 痕跡がある。wh 痕跡を指示表現として扱うことにより、次の非文法的文を指示表現に関する束縛条件の C により自動的に排除できる。

(16) a.*Who$_i$ did he$_i$ say [$_{IP}$ Mary kissed t_i]?
b.*Who$_i$ did he$_i$ say [$_{IP}$ t_i kissed Mary]?

つまり、痕跡 t を指示表現の John などと同じと仮定すれば、指示表現が代名詞 he によって束縛されているので、上記の例文はともに非文法的となる。

5. 例外となる文

これまで検討してきた束縛条件では説明できない例がいくつかある。その一つが絵画名詞 (picture noun) と呼ばれる DP を含む文である。

(17) a. [$_{DP}$ A picture of himself$_i$] fell on John$_i$.
b. They$_i$ think it is a pity that [$_{IP}$ [$_{DP}$ pictures of each other$_i$] are on sale].

(17a) では、DP は主語を持たないので束縛領域にはなれず、himself を含む最初の時制節、すなわち全文が束縛領域となる。その中で himself は (John と同一指標を付与されているが、John によって構成

素統御されていないので）束縛されていない。したがって、(17a) の文は非文法的なはずであるが、実際には、文法的な文である。(17b) も同様に最初の時制節 IP が束縛領域で、この中で each other が束縛されていないのでこの文は非文法的であるはずだが、実際は文法的である。

　以上の例外を説明するために、本書では任意に音形のない代名詞 PRO（= [+pronominal]）が DP の指定部の位置に生じ、この代名詞 PRO が himself の先行詞になるものと仮定する。このように仮定すると、(18a) に示したように himself は DP を束縛領域とし、その中で束縛されることになる。これは (18b) の John$_i$'s picture of himself$_i$ の構造と類似しているので、その平行性が指摘できる。

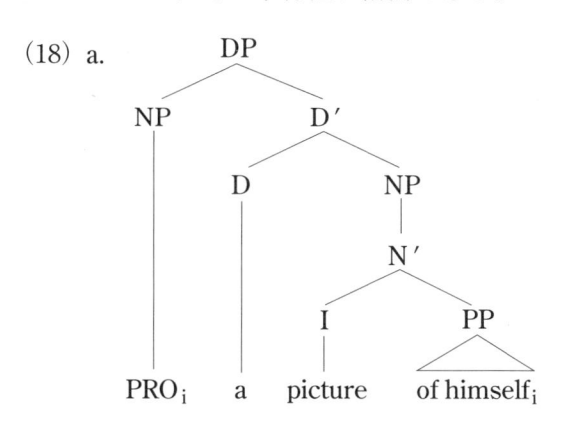

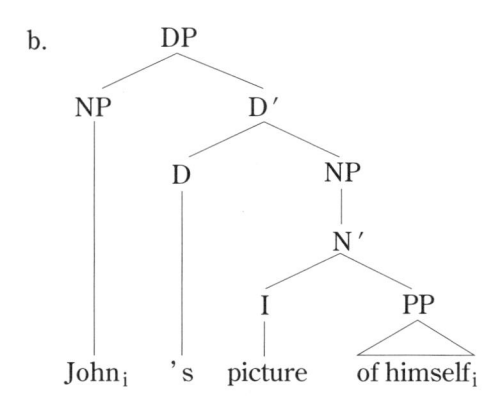

(18) a.

```
            DP
          /    \
        NP      D'
        |      /  \
       PRO_i  D    NP
              |    |
              a    N'
                  /  \
                 I    PP
                 |    |
              picture of himself_i
```

b.

```
            DP
          /    \
        NP      D'
        |      /  \
      John_i   D    NP
              |    |
              's   N'
                  /  \
                 I    PP
                 |    |
              picture of himself_i
```

(18a)で、PRO は himself と同一指標を与えられてはいるが、束縛されていないので自由であり、この文は文法的であると説明される。同様に、(17b)は、DP に代名詞 PRO があると仮定すれば、PRO と They が同一指標を付与されても、DP の束縛領域の中で PRO は自由であり、文法的であると説明できる。

束縛理論で説明できない別の例文を見てみよう。

(19) a. The children$_i$ like [$_{DP}$ each other$_i$'s friends].
b. The children$_i$ like [$_{DP}$ their$_i$ friends].

束縛領域の定義によると、主語を持つ最初の DP が照応形の束縛領域になり得るので、(19a)は DP 内で each other が束縛されず、事実に反して非文法的ということになる。これに対して、(19b)は束縛領域内の代名詞 their が自由であるから文法的である。したがって、問題は(19a)の文法性をどのように説明するかである。本書では、この問題を解決するために次のような条件を設けることにする。

(20) 照応形自体が主語の場合には、束縛領域の定義に用いられる主語には当てはまらない。

上記の条件を設けると、(19a)の each other は主語なので、それを含む最初の DP が束縛範疇にはなれず、代わって全文が束縛範疇になり、この文は文法的であると言える。(20)の条件は、主語の位置が句範疇(たとえば DP)の中で一番高い位置、つまり他の要素を全て構成素統御する位置にあり、一番高い位置に照応形が来るとその句の中で照応形は束縛されないことを示している。したがって、照応形に対する束縛理論に(20)の条件を設ける必要がある。

練習問題

1. 次の文の文法性を束縛理論で説明しなさい。

    a. John$_i$ saw Mary's picture of him$_i$.
    b.* John$_i$ saw Mary's picture of himself$_i$.
    c.* They$_i$ said that each other$_i$ left.

2. 次の文が指示表現に関する束縛条件によって説明できるかどうか示しなさい。

    a. John$_i$ arrived late for the meeting and John$_i$ didn't pay the fee.
    b. John$_i$ arrived late for the meeting and the bastard$_i$ didn't pay the fee.
    c.* John$_i$ found John$_i$'s bag.
    d.* John$_i$ found Bill$_i$' bag.

3. 次の痕跡を含む文が束縛理論で排除できるかどうか示しなさい。

    a.* John$_i$ is believed Mary to have seen t_i.
    b.* Who$_i$ did John$_i$ see t_i?

4. 先行詞よりも代名詞の方が先にきている以下の文は文法的であるが、その理由を述べなさい。

    [A picture of him$_i$] fell on John$_i$.

参考文献

Abney, S. 1987. The English noun phrase in its sentential aspect. Doctoral dissertation, MIT, Cambridge, Mass.

Araki, K.（荒木一雄）編. 1999.『英語用語辞典』三省堂.

Araki, K.（荒木一雄），Yasui, M.（安井 稔）編. 1992.『現代英文法辞典』三省堂.

Bošković, Ž. 1997. *The syntax of nonfinite complementation: An economy approach.* Cambridge, Mass.: MIT Press.

Chomsky, N. 1970. Remarks on nominalization. In R. Jacobs and P. Rosenbaum eds. *Readings in English transformational grammar.* Waltham, Mass.: Ginn.

Chomsky, N. 1981. *Lectures on government and binding.* Dordrecht: Foris Publications.

Chomsky, N. 1986. *Knowledge of language: Its nature, origin, and use.* New York: Praeger.

Chomsky, N. 1991. Some notes on economy of derivation and representation. In R. Freidin ed. *Principles and parameters in comparative grammar.* Cambridge, Mass.: MIT Press.

Chomsky, N. 1993. A minimalist program for linguistic theory. In K. Hale and S. Keyser eds. *The view from Building 20.* Cambridge, Mass.: MIT Press.

Chomsky, N. 1994. Bare phrase structure. *MIT occasional papers in linguistics* 5. Department of Linguistics and Philosophy, MIT.

Chomsky, N. 1995. *The minimalist program.* Cambridge, Mass.: MIT Press.

Chomsky, N. and H. Lasnik. 1993. The theory of principles and parameters. In J. Jacobs, A. von Stechow, W. Sternefeld, and T. Vennemann eds. *An international handbook of contemporary research.* Berlin: Walter de Gruyter.

Grimshaw, J. 1979. Complement selection and the lexicon. *Linguistic Inquiry* 10, 279-326.

Haegeman, L. 1994. *Introduction to government & binding theory,* 2nd edition. Oxford, UK: Blackwell.

Henry, A. 1992. Infinitives in a for-to dialect. *Natural Language and Linguistic Theory* 10, 279-301.

Jackendoff, R. 1977. $\bar{X}$ *syntax: A study of phrase structure.* Cambridge, Mass.: MIT Press.

Kayne, R. 1981. On certain differences between French and English. *Linguistic Inquiry* 12, 349-371.

Larson, R. 1985. On the syntax of disjunction scope. *Natural Language and Linguistic Theory* 3, 217-264.

Martin, R. 1992. On the distribution and Case features of PRO. Ms., University of Connecticut, Storrs.

Pesetsky, D. 1982. Paths and categories. Doctoral dissertation, MIT, Cambridge, Mass.

Pesetsky, D. 1995. *Zero syntax.* Cambridge, Mass.: MIT Press.

Quirk, R., S. Greenbaum, G. Leech and J. Svartvik. 1984. *A grammar of contemporary English.* London: Longman.

Radford, A. 1997. *Syntax: A minimalist program.* Cambridge: Cambridge University Press.

Rizzi, L. 1996. Residual verb second and the *wh*-criterion. In A. Belletti and L. Rizzi eds. *Parameters and functional heads.* Oxford: Oxford University Press.

Stowell, T. 1981. Origins of phrase structure. Doctoral dissertation, MIT, Cambridge, Mass.

Stowell, T. 1982. The tense of infinitives. *Linguistic Inquiry* 13, 561-570.

Stowell, T. 1983. Subjects across categories. *Linguistic Review* 2, 285-312.

索　引

ア行

あいまい (ambiguous) —— **4**
-ing 分詞構文 —— 72, 73, 102
安定状態 (steady state) —— **9**
I-to-C 移動 (I-to-C movement)
—— **112**, 126〜129
言い間違い (slips of the tongue) — 2, **7**
イタリア語 —— **52**
一致 (agreement) —— 45, 64, **127**
一致（の）素性 (agreement feature, Agr)
—— 62, **67**, 90, 102
一般動詞 —— **111**, 112, 113
イディオム（慣用句）—— **86**
移動 (movement) —— **10**, 11, 12, 48, 89
位置 (Location) —— **41**
意味 (meaning) —— 4, 18, 43
意味上の主語 (notional subject, understood subject) —— **70**
意味部門 (=semantics) —— **6**, 7
意味に関する選択 (s-selection) —— **43**
意味論 (semantics) —— **7**
ECM (exceptional case-marking) —— **75**
ECM 動詞 —— **75**
ECM 補文 —— **75**, 76, 77
埋め込まれた文 (embedded sentence)
—— **95**
V-to-I　移動 —— **112**
VP 内主語仮説 (VP internal subject hypothesis) —— 132, **136**, 137, 138, 141
英語 —— 3, 4, 5, 6, 8, 9, 29
枝分かれ (branching) —— **22**,29
X-bar 理論 (X-bar Theory) —— **26**, 54, 55
置き換え (substitution) —— 21
音韻部門 (=phonology) —— **6**

音韻論 (phonology) —— **6**
音形のない代名詞 (=PRO)
—— 63, **70**, 71, 74, 153
音声 (sound) —— **4**
音声解釈 —— 14, 88
音声形式 (Phonetic Form, PF)
—— 13, 14, 88
オランダ語 —— **109**

カ行

絵画名詞 (picture noun) —— **152**
階層的構造 (hierarchical structure) — **30**
下位範疇 —— **79**
下位範疇化素性 (subcategorization feature)
—— 32, **35**, 36〜40, 43
外項 (external argument) —— **36**, 42
格 (Case) —— **12**, 43, 75, 83, **90**
格を照合できる位置 (Case-checking position) —— **76**
格照合者 (Case-checker) —— **90**
格素性 —— **75**, 90
拡大投射原則 (extended projection principle) —— **139**, 140, 142
過去形 —— **52**
過去時制 (past tense) —— 21, **48**, 51
過去分詞 —— **83**, 85, 92
過去分詞形 —— **34**
可算名詞 (count noun) —— **23**, 40
学校文法 (school grammar) —— **5**
空 (empty) —— **85**
冠詞 (article) —— 18, 26, 39
完全解釈 (Full Interpretation, FI)
—— 88, 89, **109**
間投詞 (Interjection) —— 16, **17**
間接疑問文 —— **57**

間接目的語 ──────── 84
完了相 (perfective aspect) ─── **64**, 65
完了の助動詞 have ──────── 64
記述的妥当性 (descriptive adequacy)
　──────────────── **10**, 11
記述文法 (descriptive grammar) ─── 5
規則性 ──────────── 8
規則の体系 ───────── 4
起点 (Source) ──────── **41**, 42
機能 (function) ──────── **18**
機能語 (function word) ── 16, **18**, 26
機能素性 (functional feature) ── **127**
機能範疇 (functional category)
　────── 16, **18**, 39, 45, 49, 53, 57, 58
規範的構造具現 (canonical structural realization, CSR) ───── **43**
規範文法 (prescriptive grammar) ── 3, **5**
義務的 (obligatory) ────── **20**, 36
疑問詞 ──────────── **12**
疑問文 ──────────── **10**
強意用法 ─────────── **146**
強形 (strong form) ─────── **26**
強勢 ───────────── 6
強調構文 ─────────── **48**
局所的 (local) ──────── **114**
局所的領域 (local domain) ─── **150**
虚辞の (expletive) ────── **68**, **133**
虚辞の do ─────────── 66
虚辞の there ──────── 68, 78, **133**
Q 素性 ─────────── **103**, 105
句 (phrase, XP) ────── 16, **18**, 19, 46
空範疇 (empty category) ── 123, 145, 151
句動詞 (phrasal verb) ──── **38**, **83**, 84
屈折 (inflection, INFL, I) ──── **50**, **53**
句範疇 (phrasal category) ── **19**, 20, 26
繰り下げ (lowering) ─────── 86
経験者 (Experiencer) ───── **41**, 70
経験論 ───────────── 8
経済性の原理 (Economy Principle)
　─────────── 14, 76, 88, 89, **141**, 142

形式主語 ─────────── **133**
形式の (formal) ───────── **133**
形態的素性 (morphological feature)
　─────────────── **89**, 101
形態部門 (=morphology) ─────── **6**
形態論 (morphology) ──────── **6**
形容詞 (adjective)
　──── 6, 16, 17, 18, 20, **24**, 33, 34
形容詞句 (adjective phrase, AP)
　──────────────── 17, **24**
結合 (merge) ──────── **13**, 16, 89
言語 ───────────── 3, 5, 7, 9
言語運用 (linguistic performance)
　──────────────── 3, 6, **7**
言語学 ───────────── **8**
言語習得 ──────────── 9
言語とは独立した (extralinguistic) ── **50**
言語能力 (linguistic competence)
　──────────────── 3, **6**, 7, 9
言語表現 (linguistic expression)
　──────────────── **13**, 14, 88
現在 (present) ──────── **52**
現在形 ───────────── **52**
現在分詞 (present participle, -ing participle) ──────────── **63**
限定詞 (determiner, DET)
　─────────── **22**, 23, 24, 39
限定詞句 (determiner phrase, DP)
　──────────────── **39**, 42
現在時制 ─────────── 51, 64
原理 (principle) ─────── **9**, 10, 11
行為の体系 (performance system) ── **88**
項 (argument) ───── 42, 43, 74, 120, 136
項構造 (argument structure) ──── 36
構成素 (constituent)
　── 11, 12, 13, 16, 17, 21, 36, 48, 55, 56
構成素統御 (c-command)
　─────────── **29**, 30, 86, 148
項の位置 (argument-position, A-position) ──────────── 123

語（word） —— **17**, 18, 19
語彙 —— 8
語彙項目（lexical item）
—— **13**, 46, 47, 48, 49
語彙範疇（lexical category）
—— 16, **18**, 19, 26, 33, 39, 47, 49
語形変化 —— **51**, 52, 53
語尾変化 —— 8, 21
語尾変化した形（inflected form）—— **90**
痕跡（trace）—— **93**, 94, 106, 122
痕跡理論（trace theory）—— 82, **93**
コントロール（control）—— **71**
コントロール PRO —— **72**
コントローラー（controller）—— **71**
コンピュテーションの装置（computational system, CS）—— **13**, 14, 88

サ行

再帰代名詞（reflexive pronoun）
—— 3, 30, 71, 72, 73, **145**, 146, 147
再帰動詞（reflexive verb）—— **147**
再帰用法 —— **146**
最終手段（Last Resort）—— **89**
最短距離移動（Shortest Movement, xp）
—— **89**, 114, 142
最大投射（maximal projection）
—— 17, **19**, 20, 26, 39, 79
削除（deletion）—— 14, **89**
3人称（3rd person）—— **52**
恣意的な —— **4**, 72
恣意的な PRO（arbitrary PRO）—— **72**
刺激の欠乏（poverty of the stimulus）
—— **8**, 9
指示（reference）—— **146**
指示形容詞 —— **39**
指示表現（referential expression）
—— 144, **145**, 146, 149, 151, 152
指示物（referent）—— **145**
自然言語（natural language）—— **11**

シータグリッド（theta grid）—— **42**, 112
指定部（specifier）—— **27**, 46, 108
指定部-主要部の位置関係（spec-head configuration）—— **117**
指定部-主要部の一致（specifier-head agreement, spec-head agreement）
—— **54**, 58
支配関係（domination）—— **29**
支配する（dominate）—— **27**, 29, 30
姉妹（sister）—— **27**, 28
辞書（lexicon）—— **11**, 13, 14, 33, 88
弱形（weak form）—— **26**
人工言語（artificial language）—— **11**
θ-基準（theta criterion）—— **42**, 43, 73, 74
θ-役割（theta role, θ-role）—— 40〜43, 70
主格（nominative case）—— **90**
主格素性 —— **85**
主語（subject）—— **4**, 9, 21, 23
主語繰り上げ（subject raising）
—— 83, **95**, 96, 97, 135
主語と助動詞の倒置 —— **123**
主語と動詞の一致（subject-verb agreement）—— **52**, 53, 55, 63
主節（main clause, matrix clause）
—— 46, **64**, 65, 95
主部（subject）—— **17**, 21, 23
収束する（converge）—— **14**, 88, 108
照合（checking）—— **14**, 49, 53, 74, 75
照合関係（checking relation）—— **73**, 127
主題（Theme）—— **41**, 42
主題関係（thematic relations）
—— 33, **40**, 41
主題役割（= θ-role）—— **33**
主要部（head）—— **9**, 10, 17, 19, 20, 28, 29, 39, 46, 108
主要部移動（head movement）
—— 101, **103**, 106
主要部移動制約（head movement constraint）—— **113**
主要部が始めにくる（head-initial）

——————————— 9, 28
主要部が終わりにくる (head-final)
——————————— 9, 28
主要部-主要部の一致 (head-to-head agreement) ——————— 54
小節 (small clause) ——————— 78, 79
照応形 (anaphor) —— 94, 144, 146, 148,
——————— 149, 150, 151, 154
照応的 (anaphoric) ——————— 145
初期状態 (initial state) ——————— 9
縮約 (contraction) ——————— 106, 108
縮約形 ——————— 107, 108
所有格 ——————— 39
進行相 (progressive aspect) ——— 21, 65
自己充足の原則 (principle of greed) — 91
時制 (tense) ——————— 45, 47
時制素性 ——————— 65, 69, 90
時制節 (finite clause) ——— 62, 64, 65, 73
時制文（節）(finite clause)
——————— 47, 49, 63, 67, 69
時制要素 ——————— 49, 50
自動詞 (intransitive verb)
——————— 19, 20, 32, 35
自動詞的 ——————— 36, 37
随伴 (Pied-piping) ——————— 111
従属節 ——————— 64, 65
述部 (predicate) ——————— 17, 21
樹形図 (tree diagram, tree)
——————— 22, 27, 28, 29
受益者 (Benefactive) ——————— 41
受動文 (passive sentence)
——————— 75, 82, 83, 86, 87
助動詞 (auxiliary verb)
——————— 10, 18, 19, 47, 48
真主語 ——————— 134, 142
数 (number) ——————— 3, 52, 53
数量詞 (quantifier, Q) ——— 96, 97, 133
数量詞句 (QP) ——————— 96
スペルアウト (Spell-Out) —— 13, 14, 88
随意的 (optional) ——————— 20, 36

性 ——————— 3, 4
生成文法 (generative grammar)
——————— 3, 5, 10, 13, 22, 53, 70
生得的 (innate) ——————— 3, 8, 9
接続詞 (Conjunction) ——— 16, 17, 26
接辞 (affix) ——————— 49, 64, 67
接するレベル、接触面 (interface levels) ——————— 88
節点 (node) ——————— 27, 29, 30
接尾辞 ——————— 6, 25
説明的妥当性 (explanatory adequacy)
——————— 11
先行詞 (antecedent) ——— 30, 71, 72, 73,
——————— 145, 147, 148, 149
選択制限 ——————— 87
ゼロ格 (null Case) ——————— 76, 77
前置詞 (preposition)
——————— 12, 16, 17, 18, 26, 33, 34, 38
前置詞句 (prepositional phrase, PP)
——————— 17, 26, 28, 34
相互代名詞 (reciprocal) ——— 71, 145, 147
創造性 (creativity) ——————— 3, 7
相補分布 (complementary distribution)
——————— 150
束縛する (bind) ——————— 146, 149
束縛照応形 (bound anaphor) ——— 146
束縛条件 ——————— 150, 152
束縛理論 (binding theory)
——————— 144, 148, 150, 154
束縛領域 (binding domain)
——————— 150, 151 〜 154
素性 (feature) ——— 53, 54, 55, 63, 65
素性照合の位置 (feature checking position) ——————— 117
素性の照合 (feature checking)
——————— 117, 127
存在の there (existential there)
——————— 132, 133
存在文 ——————— 132, 133, 134
属格 (genitive) ——————— 90

タ行

態（Voice）――― 83
他動詞（transitive verb）
――― 19, **20**, 32, 35
他動詞的 ――― **36**, 37
単語 ――― **11**, 13
単数（singular）――― 23, **52**
単文（simple sentence）――― **54**, 55
代入（substitution）――― **21**
代名詞（pronoun）
――― 12, 16, **17**, 24, 26, 144, 148, 149
wh-オペレーター（wh-operation）
――― **123**, 124
wh 痕跡 ――― 152
Wh-基準（The Wh-Criterion）
――― **123**, 124, 125, 126
wh-疑問詞 ――― **118**, 119
wh-疑問文 ――― **118**, 119, 121
wh-句 ――― **119**, 120, 121, 122, 123
Wh-素性 ――― **121**
遅延（Procrastinate）――― **89**, 111
着点（Goal）――― **41**, 42
抽象名詞（abstract noun）――― **22**
チョムスキー付加（Chomsky adjunction）
――― **92**
強い（素性）（strong（feature））
――― **92**, 101, 103, 110, 127
定冠詞 ――― **22**
適格な（well-formed）――― **4**, 6, 10, 28, 43
テンス（tense）――― **47**, 48, 49, 50, 51,
53, 55, 58, 63, 64, 65, 67, 77
伝統文法（traditional grammar）――― 3, **5**, 9
11, 16 〜 19, 21, 50, 52, 64
DP 移動（DP movement）
――― 82, **86**, 87, 94, 106
DP 仮説（DP hypothesis）――― 33, 39
DP 痕跡 ――― **151**
do-support ――― **128**
等位接続詞 ――― **22**, 56, 58

同一指標（co-index）――― **93**, 144, 148
同一指標付与（coindexation）――― **148**
倒置構文 ――― 103
統語構造 ――― **49**
統語部門（=syntax）――― **6**, 7
統語論（syntax）――― **7**
独立節（independent clause）――― **64**
投射（projection）――― **19**, 47, 55
投射原則（projection principle）――― **139**
時（time）――― **50**, 51
道具（Instrument）――― **41**
動詞（verb）――― 9, 12, 16, 17, 18
19, 20, 32, 33, 34, 35
動詞が省略された節（verbless clause）
――― 63, **78**
動詞句（verb phrase, VP）
――― 9, 17, 19, **20**, 21, 28, 29
動詞的素性（[V]）――― **33**
動作主（Agent）――― 33, 40, 42, **41**, 70, 71
特定（definite）――― **134**
to-不定詞（to-infinitive）
――― **63**, 64, 65, 67, 69, 73, 102

ナ行

内項（internal argument）――― **36**, 42
内容語（content word）――― 16, **18**
二項対立的 ――― **66**, 67
二項的枝分かれ（binary branching）――― 23
二項的に枝分かれする構造（binary bran-
ching structure）――― **55**
二重目的語（double object）――― **84**
日本語 ――― **9**, 29
任意の PRO（arbitrary PRO）――― **72**
人称（person）――― 3, **52**, 53
人称代名詞 ――― **145**, 146
能動文（active sentence）――― 82, **83**, 86, 87

ハ行

索引 163

派生 (derivation) —— 6, 13, 14, 25, 43, 88
破綻 (crash) —— **14**, 88
八品詞 (eight parts of speech) —— 16, **17**
話し言葉 (speech) —— 8
範疇に関する選択 (c-selection) —— 43
母節点 (mother node) —— 27
パラメータ (parameter) —— 9, 10, 11
反義語 (antonym) —— 18
have 動詞 —— 135
否定語 —— 5, 25, 107
否定語句 (negative phrase, NegP) —— 25, 108
否定接頭辞 —— 24
非時制文 (節) (nonfinite clause) —— **63**, 67, 73, 76, 102
被動作主 (Patient) —— 33, 40, **41**
非文 —— 4, 10, 24, 35, 42
表現されない名詞句 (implicit NP) —— 36
標識 (label) —— 53
標示付かっこ (labeled brackets) —— 20
品詞 —— 18
be 動詞 —— 135
付加する (adjoin) —— 79
付加疑問文 (tag question) —— 135
付加詞 (adjunct) —— 28
複合名詞 —— 6
副詞 (Adverb) —— 16, 17, 18, 24, **25**
副詞句 (adverb phrase, ADVP) —— 17, **25**
複数 —— 23
複文 (complex sentence) —— 54
不定冠詞 —— 23
不定詞 —— **69**, 72, 74
不定詞構文 —— **64**, 68, 69, 74
不定代名詞 —— 147
不適格な (ill-formed) —— 7
不特定 (indefinite) —— 134
普遍的原理 —— 23
普遍文法 (Universal Grammar) —— 9, 10, 11
フランス語 —— 109

物質名詞 (material noun) —— 22
文 (Sentence, S) —— 16, 17, 19, **46**, 47
文構造 —— 4
分布 (distribution) —— 19
文法 (grammar) —— 3〜8
文法操作 (grammatical operation) —— 10, 11, 12, 13
文法範疇 (grammatical category) —— 10, 11, 18
文法理論 —— 5, 10
分裂文 (cleft sentence) —— 34
プラトンの問題 (Plato's Problem) —— 8, 11
平叙文 —— **10**, 57, 118
変形規則 —— 85
変形文法 —— 85
Belfast English —— **69**, 122, 131
法助動詞 (modal auxiliary verb) —— **46**, 47〜50, 67
補部 (complement) —— 20, 21, **27**, 28, 29, 35, 36, 38, 46
補文 (complement clause) —— 46, **56**, 57
補文構造 —— **54**, 57, 58
補文標識 (complementizer) —— **18**, 56, 57, 58
母語 —— 3, 4
母語話者 —— 4, 5, 7, 10

マ行

ミニマリスト・プログラム (The Minimalist Program) —— 13, 14, 88, 89
未来時制 —— 51
無意識的 (unconscious) —— 5, 6
名詞 (noun) —— 12, 16, 17, 18, **22**, 23, 25, 32, 33, 34
名詞形 —— 6
名詞句 (noun phrase, NP) —— 6, 17, **21**, 22, 23, 27, 28, 34, 38, 39
名詞的素性 ([N]) —— 33
名詞表現 —— 145

命題 (proposition) —— 74
娘節点 (daughter node) —— 27
モジュール性 (modularity) —— 6
目的格 (objective case) —— **12**, 43, 90
目的語 (object) —— 9, 20, 21, 23
模倣 —— 8

ヤ行

有限な手段 (finite means) —— 7
予備の (preparatory) —— 133
弱い (素性) weak (feature)
　—— **92**, 111, 127
Yes-No 疑問文 (Yes-No question) —— 10

ラ行

ラテン語文法 —— 5
例外的格標示 (exceptional case-marking) —— 75
論理形式 (Logical Form, LF)　**13**, 14, 88

英和対照表

A

abstract noun　抽象名詞
active sentence　能動文
adjective　形容詞
adjective phrase, AP　形容詞句
adjoin　付加する
adjunct　付加詞
adverb　副詞
adverb phrase, ADVP　副詞句
affix　接辞
Agent　動作主
agreement　一致
agreement feature, Agr　一致素性
ambiguous　あいまい
anaphor　照応形
anaphoric　照応的
antecedent　先行詞
antonym　反義語
arbitrary PRO　任意の PRO，恣意的な PRO
argument　項
argument-position, A-position　項の位置
argument structure　項構造
article　冠詞
artificial language　人工言語
auxiliary verb　助動詞

B

Benefactive　受益者
bind　束縛する
biding domain　束縛領域
binary branching　二項的枝分かれ
binary branching structure　二項的に枝分かれする構造

binding theory　束縛理論
bound anaphor　束縛照応形
branching　枝分かれ

C

canonical structural realization, CSR　規範的構造具現
Case　格
Case-checker　格照合者
Case-checking position　格を照合できる位置
Case feature　格素性
c-command　構成素統御
checking　照合
checking relation　照合関係
cleft sentence　分裂文
complementary distribution　相補分布
computational system, CS　コンピューテーションの装置
Chomsky adjunction　チョムスキー付加
content word　内容語
co-index　同一指標
coindexation　同一指標付与
complement　補部
complement clause　補文
complementizer　補文標識
complex sentence　複文
conjunction　接続詞
constituent　構成素
contraction　縮約
controller　コントローラー
control　コントロール
converge　収束する
count noun　可算名詞
crash　破綻

creativity　創造性
c-selection　範疇に関する選択

D

daughter node　娘節点
definite　特定
deletion　削除
derivation　派生
descriptive adequacy　記述的妥当性
descrptive grammar　記述文法
determiner, DET　限定詞
determiner phrase, DP　限定詞句
distribution　分布
double object　二重目的語
dominate　支配する
domination　支配関係
DP hypothesis　DP仮説
DP movement　DP移動

E

Economy Principle　経済性の原理
eight parts of speech　八品詞
embedded sentence　埋め込まれた文
empty　空
empty category　空範疇
exceptional case-marking　例外的格標示, ECM
Experiencer　経験者
existential *there*　存在の there
explanatory adequacy　説明的妥当性
expletive　虚辞の
extra-linguistic　言語とは独立した
external argument　外項
extended projection principle　拡大投射原則

F

feature　素性
feature checking　素性の照合
feature checking position　素性照合の位置
finite clause　時制節
finite means　有限な手段
formal　形式の
Full Interpretation, FI　完全解釈
function　機能
function word　機能語
functional category　機能範疇
functional feature　機能素性

G

generative grammar　生成文法
genitive　属格
Goal　着点
grammar　文法
grammatical category　文法範疇
grammatical operation　文法操作

H

head　主要部
head movement　主要部移動
head movement constraint　主要部移動制約
head-initial　主要部が始めにくる
head-final　主要部が終わりにくる
head-to-head agreement　主要部-主要部の一致
hierarchical structure　階層的構造

I

ill-formed　不適格な
implicit NP　表現されない名詞句

indefinite　不特定
independent clause　独立節
inflected form　語尾変化した形
Inflection, INFL, I　屈折
-ing participle　現在分詞
initial state　初期状態
innate　生得的
interface level　接するレベル、接触面
Interjection　間投詞
internal argument　内項
I-to-C movement　I-to-C 移動
intransitive verb　自動詞
Instrument　道具

L

label　標識
labeled brackets　標示付かっこ
Last Resort　最終手段
lexical category　語彙範疇
lexical item　語彙項目
lexicon　辞書
linguistic competence　言語能力
linguistic expression　言語表現
linguistic knowledge　言語知識
linguistic performance　言語運用
local　局所的
local domain　局所的領域
Location　位置
Logical Form, LF　論理形式
lowering　繰り下げ

M

main clause　主節
material noun　物質名詞
matrix clause　主節
maximal projection, XP　最大投射
meaning　意味
merge　結合する

Minimalist Program, The　ミニマリスト・プログラム
modal auxiliary verb　法助動詞
modularity　モジュール性
morphological feature　形態的素性
morphology　形態論、形態部門
mother node　母節点
movement　移動

N

[N]　名詞的素性
natural language　自然言語
negative phrase, NegP　否定語句
node　接点
nominative case　主格
nonfinite clause　非時制文（節）
notional subject　意味上の主語
noun　名詞
noun phrase, NP　名詞句
null Case　ゼロ格
number　数

O

object　目的語
objective Case　目的格
obligatory　義務的
optional　随意的

P

parameter　パラメータ
passive sentence　受動文
past tense　過去時制
Patient　非動作主
perfective aspect　完了相
performance system　行為の体系
person　人称
Phonetic Form, PF　音声形式

phonology　音韻論、音韻部門
phrasal category　句範疇
phrasal verb　句動詞
phrase, XP　句
picture noun　絵画名詞
pied-piping　随伴
Plato's Problem　プラトンの問題
poverty of stumulus　刺激の欠乏
predicate　述部
preparatory　予備の
preposition　前置詞
prepositional phrase, PP　前置詞句
prescriptive grammar　規範文法
present　現在
present participle　現在分詞
principle　原理
principle of greed　自己充足の原則
PRO　(＝音形のない代名詞)
Procrastinate　遅延
progressive aspect　進行相
projection　投射
projection principle　投射原則
pronoun　代名詞
proposition　命題

Q

QP　数量詞句
quantifier, Q　数量詞

R

raising　繰り上げ
reciprocal　相互代名詞
reference　指示
referent　指示物
referential expression　指示表現
reflexive (pronoun)　再帰代名詞
reflexive verb　再帰動詞

S

school grammar　学校文法
semantics　意味論、意味部門
Sentence, S　文
Shortest Movement　最短距離移動
simple sentence　単文
singular　単数
sister　姉妹
slips of the tongue　言い間違え
small clause　小節
sound　音声
Source　起点
specifier　指定部
specifier-head agreement, spec-head agreement　指定部-主要部の一致
spec-head configuration　指定部-主要部の位置関係
speech　話し言葉
Spell-Out　スペルアウト
s-selection　意味に関する選択
steady state　安定状態
strong (feature)　強い（素性）
strong form　強形
subcategorization feature　下位範疇化素性
subject　主語、主部
subject-verb agreement　主語と動詞の一致
subject raising　主語繰り上げ
substitution　置き換え、代入
syntax　統語論、統語部門

T

tag question　付加疑問文
Theme　主題
tense　時制、テンス
theta criterion　θ-基準
theta grid　シータグリッド

theta roles, θ-roles　θ-役割、主題役割
third person, 3rd person　3人称
time　時
to-infinitive　to-不定詞
trace　痕跡
trace theory　痕跡理論
traditional grammar　伝統文法
transitive verb　他動詞
tree diagram, tree　樹形図

U

unconscious　無意識的
understood subject　意味上の主語
Universal Grammar　普遍文法

V

[V]　動詞的素性
verb　動詞
verbless clause　動詞が省略された節
verb phrase, VP　動詞句
Voice　態
VP internal subject hypothesis　VP内主語仮説

W

weak (feature)　弱い（素性）
weak form　弱形
well-formed　適格な
Wh-Criterion, the　*Wh*-基準
wh-operator　*wh*-オペレーター
word　語

X

X-bar Theory　X-bar 理論

Y

Yes-No question　Yes-No 疑問文

著者略歴

齋藤　興雄（さいとう　さきを）

　1940年生まれ。1964年東京教育大学文学部英語学英米文学科卒。1970年同大学大学院修士課程修了。1989－1990年英国ケンブリッジ大学客員研究員。明治学院大学教授。主な著書：『意味論』現代の英文法2　（共著、研究社出版）、『新英文法入門』（共著、研究社出版）。主な論文："On dropping the single mother condition"（*Journal of Linguistics*, Vol. 12, 1976）。

佐藤　寧（さとう　やすし）

　1946年生まれ。1968年明治学院大学文学部卒。1871年同大学大学院文学研究科修士課程修了。1982－1983年南カリフォルニア大学大学院留学。（フルブライト研究員）。1991－1992年ワシントン大学客員研究員。明治学院大学教授。主な著書：『英語の文と音声』、『最新の音声学・音韻論』（共著、研究社出版）、『新英文法入門』（共著、研究社出版）『現代の英語音声学』（共著、金星堂）。

佐藤　裕美（さとう　ひろみ）

　1964年生まれ。1987年明治学院大学文学部卒。1992年ワシントン大学大学院言語学科修士課程修了。1994年同大学院博士課程修了（Ph.D. Candidate）。関東学院大学、関東学院女子短期大学、明治学院大学非常勤講師。

現代の英文法
― 新しい文法理論へのいざない ―

2000年1月20日 初版発行
2014年2月5日 重版発行

著　者　　齋　藤　興　雄
　　　　　佐　藤　　　寧
　　　　　佐　藤　裕　美

発行者　　福　岡　正　人

発行所　　株式会社　金星堂
（〒101-0051）東京都千代田区神田神保町 3-21
Tel. 営業部 (03)3263-3828　編集部 (03)3263-3997　Fax. (03)3263-0716
E-mail: 営業部 text@kinsei-do.co.jp

印刷所／加藤文明社　製本所／松島製本　1-9-3720
落丁・乱丁本はお取り替えいたします

ISBN978-4-7647-3720-4　C1082